1판 1쇄 발행 2015년 1월 28일 | 1판 4쇄 발행 2020년 5월 20일
2판 1쇄 발행 2022년 3월 25일 | 2판 2쇄 발행 2023년 5월 31일

글쓴이 이기규 | 그린이 박종호
펴낸이 홍석 | 이사 홍성우 | 편집부장 이정은 | 편집 박고은, 조유진
개정판 편집 진행 스튜디오 플롯 | 디자인 권영은, 김연서 | 외주 디자인 신영미, 손현주
마케팅 이송희, 한유리, 이민재 | 관리 최우리, 김정선, 정원경, 홍보람, 조영행, 김지혜
펴낸곳 도서출판 풀빛 | 등록 1979년 3월 6일 제 2021-000055호
주소 서울특별시 강서구 양천로 583 우림블루나인 A동 21층 2110호
전화 02-363-5995(영업) 02-362-8900(편집) | 팩스 070-4275-0445
전자우편 kids@pulbit.co.kr | 홈페이지 www.pulbit.co.kr
블로그 blog.naver.com/pulbitbooks | 인스타그램 instagram.com/pulbitkids

ISBN 979-11-6172-385-3 74300
     979-11-6172-283-2 (세트)

ⓒ 이기규 2015, 2022

*책값은 뒤표지에 표시되어 있습니다.
*파본이나 잘못된 책은 구입하신 곳에서 바꿔드립니다.

 품명 아동 도서　　　　　사용연령 8세 이상
제조국 대한민국　　　　제조년월 2023년 5월 31일
제조자명 도서출판 풀빛　연락처 02-363-5995
주소 서울특별시 강서구 양천로 583 우림블루나인 A동 21층 2110호
주의사항 종이에 베이거나 긁히지 않도록 조심하세요.
　　　　　책 모서리가 날카로우니 던지거나 떨어뜨리지 마세요.
KC마크는 이 제품이 공통안전기준에 적합하였음을 의미합니다.

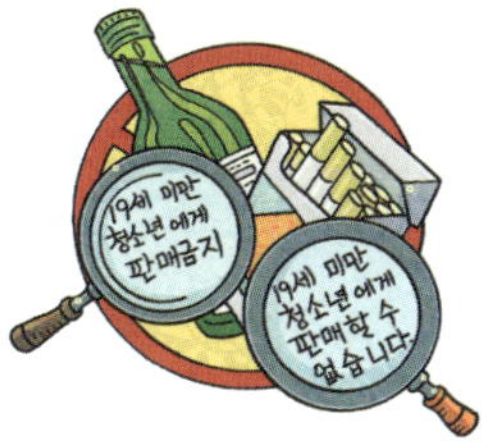

역지사지 생생 토론 대회 7

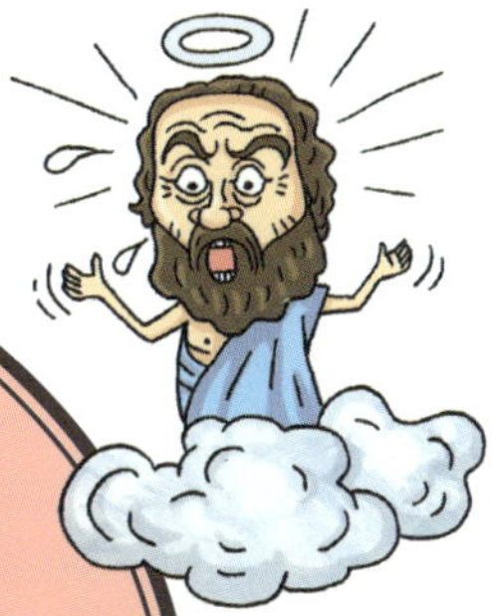

인권 논쟁

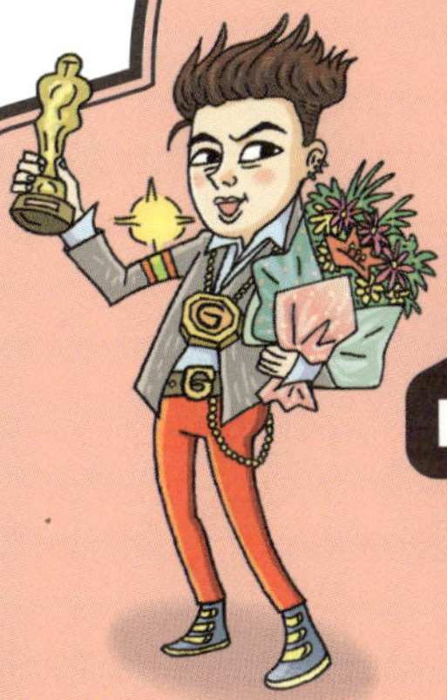

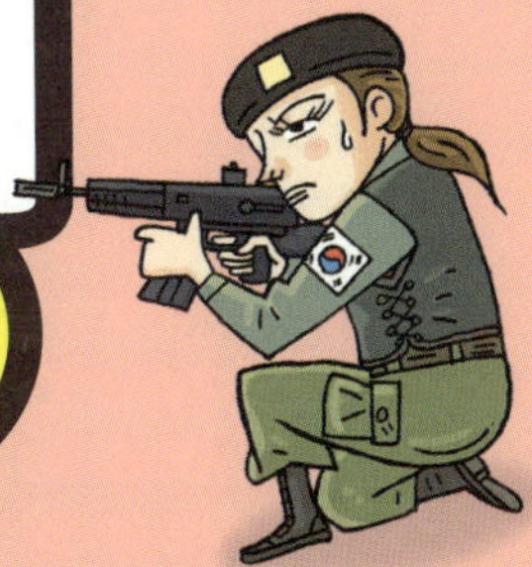

이기규 글 | 박종호 그림

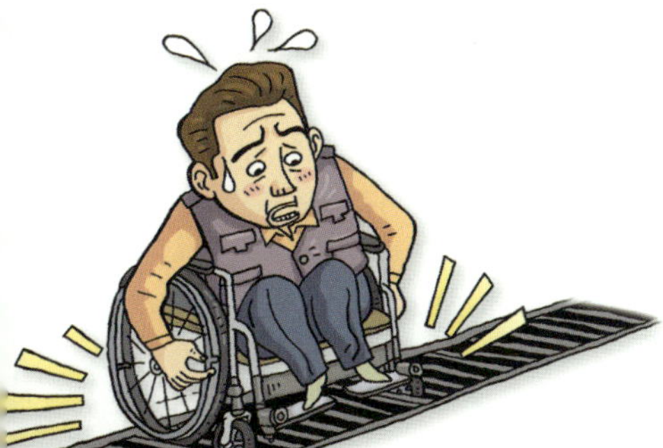

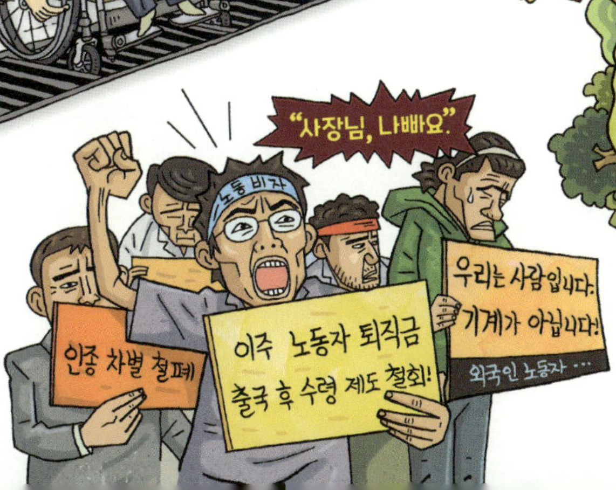

"사장님, 나빠요."

인종 차별 철폐
이주 노동자 퇴직금 출국 후 수령 제도 철회!
우리는 사람입니다. 기계가 아닙니다!
외국인 노동자 …

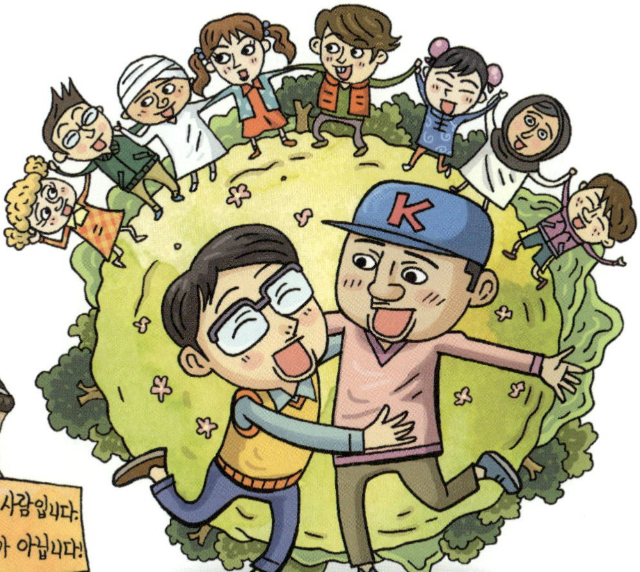

풀빛

개정판 작가의 말

인권이란 무엇일까요?

　이 질문에 쉽게 대답하지 못할 학생들은 아마 없을 것입니다. 하지만 인권이 무엇인지를 묻는 이 말처럼 대답하기 쉽고도 어려운 질문은 없습니다. 인권을 간단히 정의해서 '인간이 인간답게 살아가기 위한 최소한의 권리'라고 말하기는 쉬워도, 우리가 인권을 절실하게 여기는 만큼 올바르게 정의 내리는 것은 사실 쉬운 일이 아니기 때문이죠.

　우리는 일상생활에서 '인간이 누려야 할 최소한의 권리', 즉 '인간이 인간답게 살기 위해 필요한 가장 기본적이고 기초적인 권리'를 잊어버릴 때가 많습니다. 예를 들어 가혹한 노동에 시달리는 외국인 노동자에 대한 뉴스가 나오거나, 거리에서 갑자기 검문을 당하는 모습을 보더라도 그것이 인권을 심각하게 침해하는 사건이라고 생각하지 못하는 경우가 많습니다. 인권을 사전적인 의미로 이해하는 것과, 자신의 현실로 느끼는 것은 커다란 차이가 있기 때문이죠. 그런 의미에서 인권에 대해 알고 있다

　는 것은 단순히 인권을 사전적 의미로 정의 내리는 것을 말하지 않습니다. '인권 의식'을 가지고 있을 때 비로소 인권의 참 의미를 알 수 있기 때문입니다.
　필리핀 노말 연구소의 인권 의식에 관한 연구에 따르면, 인간의 인권 의식 수준은 네 단계로 나눌 수 있습니다. 첫 번째 단계는 '인권 침해에 대해 무조건적이고 무비판적인 복종을 하는 단계'입니다. 이 단계는 모든 인권 침해를 무조건적으로 눈감아 주는 단계를 말합니다. 전혀 인권 의식이 없는 단계이지요. 두 번째 단계는 '인권에 대해 알고는 있지만 두려움이나 이해 부족 등으로 인해 인권 침해를 자신과 밀접한 사건으로 연관시키는 의식이 부족한 단계'입니다. 이 단계에서는 직접 인권을 옹호하기 위해 실천을 하기보다, 인권 단체나 적극적인 인권 의식을 가진 사람들에게 기대려는 경향이 나타납니다. 세 번째 단계는 '사회적인 합의나 법적 테두

리 안에서 인정하는 방식을 동원해서 인권 침해의 부당함을 호소하는 단계'입니다. 이 단계에 이르러서야 사람들은 스스로 인권 침해 문제를 해결하기 위해 실천에 나섭니다. 마지막 네 번째 단계는 '실천적인 인권 의식을 기초로 스스로 인권 침해 문제에 적극적이고 능동적으로 대처하며 문제를 해결하고자 노력하는 실천의 단계'입니다.

 이렇게 인권 의식을 네 단계로 생각할 때, 우리 사회의 인권 의식 수준은 아직 두 번째 단계조차 되지 못한다는 사실을 알 수 있습니다. 이렇게 인권 의식이 높지 않은 우리 사회에서 해결되지 못한 인권 침해 문제들이 많은 것은 어찌 보면 당연한 일입니다. 남녀 차별 문제, 이주 노동자 문제, 국가 보안법 문제, 성 소수자 인권 문제 등이 그것이지요. 우리 사회에서 일어나는 인권 침해 문제는 결국 우리의 낙후된 인권 의식에서 비롯되는 것입니다.

　그러므로 인권이 무엇이라고 정의를 내리는 것은 단순히 이론적인 이해의 문제가 아니라, 우리 개개인의 실천적인 의식의 문제여야 합니다. 그래서 저는 이 책을 읽는 여러분이 인권에 관련된 토론을 단순히 더 많은 지식을 얻기 위한 수단으로 여기지 말고, 자신의 삶과 연관 지어서 생각해 보기 바랍니다. 좀 더 인권이 보장되는 학교, 인권이 보장되는 사회를 만들기 위해 어떤 것들이 필요한지, 내가 할 수 있는 작은 실천은 무엇인지 함께 생각하고 고민하는 데 이 책이 작은 도움이 되기를 바랍니다.

이기규

차례

개정판 작가의 말　004

1장　인권은 어떤 가치보다 앞서는 것일까?

쟁점 1. 인권이 우선일까? vs 법이 우선일까?　021
쟁점 2. 인권이 우선일까? vs 의무가 우선일까?　032
쟁점 3. 인권이 우선일까? vs 경제 성장이 우선일까?　040
함께 정리해 보기 인권과 다른 가치들을 둘러싼 쟁점　049

2장　학생 인권은 어디까지 보장해야 할까?

쟁점 1. 공부를 위해 통제! vs 자유를 누려야 해　059
쟁점 2. 스스로 결정할 수 있어 vs 아직 우리는 미숙해　068
쟁점 3. 더 많은 참여 vs 더 많은 보호　076
함께 정리해 보기 학생 인권을 둘러싼 쟁점　085

3장   사형 제도는 인권 침해일까?

쟁점 1. 범죄 예방 효과가 있어 vs 범죄 예방 효과가 없어   094
쟁점 2. 흉악한 범죄자는 영원히 격리시켜야 해 vs
          생명을 빼앗지 않는 다른 처벌도 있어   101
쟁점 3. 살인자는 대가를 치러야 해 vs 모든 사람의 목숨은 소중해   108
함께 정리해 보기 사형 제도는 인권 침해일까?   115

4장 사생활 보호, 어디까지 허용될까?

쟁점 1. 일기로 고민을 터놓을 수 있어 vs
        일기장을 두 개나 쓰고 싶지 않아   124
쟁점 2. 범죄 예방 효과 있어 vs 내 사생활도 감시당할 수 있어   130
쟁점 3. 연예인과 정치인에겐 사생활이 없어 vs
        연예인과 정치인의 사생활도 보호받아야 해   137
함께 정리해 보기 사생활 보호, 어디까지 허용될까?   145

5장 평등하고 다양한 성은 가능할까?

쟁점 1. 남자만 군대에 가는 건 부당해 vs
        국방의 의무는 병역만 있는 게 아니야   154
쟁점 2. 지금은 남자가 더 차별받는 사회야 vs 여성 차별은 여전해   161
쟁점 3. 동성애는 정상이 아니야 vs 사랑에 정상과 비정상은 없어   168
함께 정리해 보기 다양하고 평등한 성은 가능할까?   175

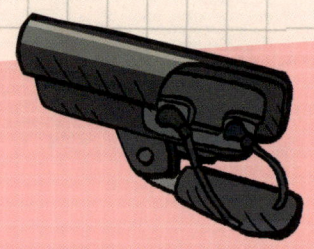

6장 이주민은 대한민국 국민일까?

쟁점 1. 우리나라는 단일 민족이야 vs 세상에 단일 민족은 없어   184
쟁점 2. 대한민국 문화를 따라야 해 vs
   자신의 고유한 문화도 누려야 해   190
쟁점 3. 이주민은 정치에 참여할 수 없어 vs 이주민도 정치에 참여해야 해   196
함께 정리해 보기 이주민은 대한민국 국민일까?   203

7장 장애인과 더불어 사는 사회가 되려면?

쟁점 1. 장애인은 도와주고 보호해야 할 사람일까?   208
쟁점 2. 장애인과 비장애인의 통합 교육은 왜 필요할까?   211
쟁점 3. 무장애 환경이 필요한 이유는 무엇일까?   213

1장

인권은
어떤 가치보다도
앞서는 것일까?

첫 번째 장에서는 우선 인권의 의미에 대해 알아보고, 인권이 다른 가치와 충돌할 때 어떤 것을 우선해야 하는지에 대한 쟁점을 다룹니다. 법은 인권을 보호하기 위해 만들어진 것이지만, 때때로 법과 인권이 충돌하는 경우도 생깁니다. 이럴 때 우리는 어느 쪽 손을 들어줘야 할까요? 또 인권을 누리려면 의무를 다해야 한다고 주장하는 사람들도 있습니다. 국민의 4대 의무 등 국가에 소속된 사람으로서 기본적인 의무를 다해야만 인권을 누릴 수 있다는 것이지요. 마지막으로 경제 성장과 인권도 종종 충돌합니다. 경제가 성장해야 인권을 누릴 수 있는 것일까요? 이번 토론을 통해 인권과 다른 가치들에 대해 생각해 보기 바랍니다.

'인권이 우선' 찬성 팀

인권은 세상의 다른 그 어떤 가치보다 우선시되어야 해. 먼저 인권은 법보다 중요한 가치야. 인권을 보장하기 위해 만들어진 게 법이니까. 결코 법이 인권보다 먼저일 수는 없어. 또 인권은 의무와 상관없이 인간이라는 이유만으로 보장받아야 해. 의무를 다해야만 인권을 누릴 수 있다? 이건 말도 안 되는 얘기지. 마지막으로 경제 성장이 급하다고 해서 인권을 침해해선 안 돼. 인권은 경제 성장을 위해 양보할 수 있는 권리가 아니라, 가장 우선적으로 누려야 할 가장 기본적인 권리이기 때문이지.

'인권이 우선' 반대 팀

물론 인권은 중요해. 하지만 세상의 다른 가치들을 무시할 정도는 아니야. 법은 사람들의 생명과 자유를 존중하기 위해 만들어진 것이므로, 법만 잘 지키면 인권을 존중받을 수 있어. 또 인권을 보장받고 싶다면 그에 따른 의무를 다해야 해. 의무 없이 권리만 주장할 순 없는 거니까. 그리고 경제가 어느 정도 성장해야 인권 보장도 가능한 거야. 가난한 나라일수록 먹고사는 문제에 급급해서 인권에 관심을 기울이기 힘드니까. 우리나라의 인권 의식이 높아진 것도 경제가 많이 좋아졌기 때문 아닐까?

인권은 어떤 가치보다 앞서는 것일까?

"어휴, 진짜! 속상해 죽겠어!"

동찬이가 토론반 문을 열자마자, 똑 부러지는 성격의 지현이가 무슨 일 때문인지 벌겋게 달아오른 얼굴로 씩씩거리고 있었다. 궁금한 것은 절대로 못 참는 동찬이가 바로 지현이에게 물었다.

"지현아, 너 왜 그래? 무슨 일 있어?"

"쉬는 시간에 메시지 보내다가 스마트폰 뺏겼어. 일주일 동안 사용 금지래. 나 어떡해."

마음이 여리고 정이 많은 승아가 흥분한 지현이를 토닥이며 말했다.

"그러게 조심하지. 너희 담임 선생님은 뭐든지 법대로 하시잖아."

"아니 그래도 그렇지, 이건 정말 너무해. 수업 시간도 아니고 쉬는 시간

에 메시지 좀 보냈다고 일주일 압수라니 그게 말이 되니? 스마트폰 없으면 얼마나 불편한데. 게임도 못 하고 친구들이랑 연락도 못 하잖아!"

화가 잔뜩 난 지현이가 큰 소리로 외쳤다.

"야, 이지현! 복도에서 네 목소리밖에 안 들린다. 오늘은 또 뭐 때문에 화가 났냐?"

토론반 교실로 들어오며 민수가 말했다. 장난기가 많은 민수는 항상 밝고 활기차서 반 아이들에게 인기가 많은 친구다. 지현이는 아무 말 없이 민수를 매섭게 쏘아보았다.

"선생님이 스마트폰을 압수하셨대. 일주일 동안 사용 금지라나 봐."

승아가 민수의 귀에 대고 작게 말했다.

"아무리 규칙이라지만 스마트폰을 일주일 동안이나 압수하다니 이건 인권 침해네, 인권 침해!"

순간 머쓱해진 민수는 미안한 마음에 일부러 목소리를 높여 말했다.

"그깟 전화기 좀 빼앗겼다고 인권 침해라니 그건 좀 오버다. 인권 침해가 무슨 뜻인지나 알고 쓰는 거니?"

논리적으로 말하기를 좋아하는 토론반의 에이스, 형식이가 팔짱을 끼고 안경을 추켜올리며 말했다.

"인권 침해도 모를까 봐? 인간이면 누구나 누려야 마땅한 권리인 인권을 침해하는 게 인권 침해 아니야? 휴대 전화를 수업 시간에 쓴 것도 아닌데 무조건 압수라니 이건 인권 침해 맞아!"

형식이가 자신을 무시한다고 느꼈는지 민수가 눈에 힘을 주며 말했다.

"교칙에 휴대 전화를 사용하면 7일간 압수라고 돼 있는 건 너도 알잖아. 선생님은 교칙대로 했을 뿐인데, 무슨 인권 침해야?"

성격이 차분하지만 상황 판단이 빠르고 구체적인 근거를 들어서 조목조목 따지기를 좋아하는 윤태가 고개를 가로저으며 말했다.

잠자코 친구들의 이야기를 듣고 있던 동찬이는 조금은 낯선 기분이 들었다. 인권은 사회 교과서에나 나오는 말 아닌가? 동찬이는 대체 '인권'이 뭐기에 그러느냐고 묻고 싶었지만 그것도 모르냐는 소리를 들을 것 같아서 입을 꾹 다물었다.

"여러분, 무슨 이야기를 이렇게 열심히 하고 있나요?"

토론반 선생님이 들어오자 아이들은 그제야 잠잠해졌다. 모처럼 말할 기회를 얻은 동찬이가 상황을 설명했다.

"선생님, 지현이가 쉬는 시간에 휴대 전화를 쓰다가 담임 선생님께 압수당했는데요. 이런 것도 인권 침해라고 볼 수 있나요?"

동찬이가 물었다. 선생님은 빙그레 웃었다.

"글쎄요. 동찬이는 어떻게 생각하죠?"

"전 잘 모르겠어요. 사실 인권이 무엇인지. 어떤 권리들이 있는지도 잘 몰라요. 인권이 법이나 규칙보다 더 중요한 건가요?"

동찬이가 머리를 긁적이며 되물었다. 선생님은 잠시 생각한 후 아이들에게 말했다.

"그럼 이번에 토론반에서 인권을 주제로 토론을 해 보면 어떨까요? 인권과 다른 가치 중에서 어떤 것을 더 우선해야 할지 생각해 보는 거지요.

지금 여러분 이야기를 들어 보니 학교에서 정한 규칙이어도 인권을 침해해서는 안 된다는 주장과, 규칙은 서로 지키기로 약속한 것이므로 인권을 침해하더라도 규칙은 반드시 지켜야 한다는 주장이 맞서는 것 같아요. 그럼 첫 번째 토론거리는 '인권과 법이 서로 충돌한다면 어느 것을 우선시해야 할까'로 정해 보면 어떨까요?"

선생님의 말에 지현이가 기다렸다는 듯이 말했다.

"좋아요! 전 인권을 침해하는 법과 규칙은 잘못된 거라고 생각해요."

"에이, 하지만 법이나 규칙은 우리를 위해 만든 것이잖아. 당연히 인권보다 우선하는 거 아닌가?"

민수의 생각은 달랐다. 이때 동찬이가 고개를 갸웃거리며 말했다.

"음……. 전 잘 모르겠지만 잘못된 법은 고치는 게 맞다고 생각해요. 잘못된 법은 있어도 잘못된 인권은 없으니까 인권이 우선 아닐까요?"

아이들이 웅성거렸다. 선생님은 각자의 생각에 따라 토론 팀을 나눌 것을 권했다. 윤태와 승아, 민수는 법이 우선한다는 팀을 선택했고, 지현이와 형식이 그리고 동찬이는 인권이 우선한다는 팀을 선택했다.

"자 그럼 다음 토론 시간까지 법과 인권에 대해 열심히 조사해 오도록 해요. 양 팀 모두 자신 있죠?"

"네, 선생님!"

양 팀 아이들이 큰 소리로 외쳤다. 동찬이는 이번 기회에 잘 모르는 인권에 대해 열심히 공부해 보겠다고 다짐했다.

쟁점 1.

인권이 우선일까? vs 법이 우선일까?

기다리던 첫 번째 토론 시간이 찾아왔다. 동찬이는 토론을 준비하면서 인권에 대해 여러 가지 자료를 찾아보았고, 덕분에 인권이 무엇인지 조금은 알 것 같았다. 양 팀 아이들은 첫 토론인지라 조금 긴장한 모습이었다. 이윽고 토론반 선생님이 교실로 들어오자 본격적인 토론이 시작되었다.

"지난번에 우리는 '인권과 법이 서로 충돌한다면 어느 것을 우선시해야 할까?'라는 주제로 첫 번째 토론을 하기로 했습니다. 인권과 법 모두 우리 사회에 꼭 필요한 것들이지요. 하지만 인권과 법이 서로 대립할 경우에 우리는 어떤 것을 더 우선시해야 할까요? 이번 토론을 통해 여러분도 깊이 생각해 보는 기회가 되길 바랍니다. 그럼 토론 시작에 앞서 동찬이가 인권과 법에 대해 간단하게 설명해 볼래요?"

동찬이는 갑작스러운 선생님의 제안에 놀란 눈치였지만 당황한 티를 내지 않고 자리에서 일어났다.

"인권은 사람이면 누구나 보장받아야 할 권리를 뜻합니다. 인권은 헌법에 나와 있기 때문에, 혹은 나라에서 허락했기 때문에 보장하는 게 아니라 인간이기에 누구에게나 주어지는 것입니다. 나이나 성별에 상관없이 누구나요. 법은 여러 사람이 공동체를 이루어 살기 시작하면서 발생하는 문제들을 해결하고 사회 질서를 유지하기 위해 당연히 지켜야 할 규칙들을 국가가 정해 놓은 것입니다."

"동찬이가 준비를 아주 잘해 왔네요. 인권과 법에 대한 기본 개념을 정확히 알아야 인권과 법 중 어느 가치가 우선하는가에 대한 토론을 잘할 수 있겠죠? 그럼 이제 본격적인 토론을 시작해 볼게요. 우선 인권보다 법이 우선한다는 팀의 의견부터 들어보겠습니다."

선생님의 말이 끝나자마자 윤태가 자신만만한 표정으로 일어나서 발언을 시작했다.

"우선 저는 법을 왜 만드는지 묻고 싶습니다. 법은 생명과 자유를 존중하고, 갈등이 생겼을 때 힘이 센 사람들 마음대로 결정하지 못하도록 하기 위해 만든 것입니다. 결국 사람들이 법만 잘 지킨다면 다른 사람의 인권을 침해하는 일은 일어나지 않을 거예요. 대부분의 법은 인권을 보장하기 위해 만들어졌고요. 우리나라 최고 법인 헌법에는 모든 국민이 인간으로서의 존엄성과 가치를 가지고 자유와 평등을 누려야 한다고 나와 있습니다. 또 법률 중에는 장애인 차별 금지법 같은 인권법도 있고요. 결국 먼저 법을 잘 지켜야 인권도 보장받을 수 있다고 생각합니다."

윤태의 발언이 끝나자 다음으로 '인권이 우선' 팀의 지현이가 자리에서 일어나 발언을 시작했다.

"저는 법을 만드는 사람이 누군지 묻고 싶습니다. 법은 대부분 국회 의원들이 만듭니다. 그런데 만약 우리가 뽑은 국회 의원들이 국민의 뜻보다는 자신들을 위한 법을 만든다면 어떻게 될까요? 인권을 침해하는 법이 아무렇지 않게 만들어질 수도 있습니다. 인권을 보장하는 법이 있는 것도 사실이지만, 이는 그 법이 만들어지기까지 수많은 사람이 인권을 보장해 달라고 목소리를 높였기 때문입니다. 윤태가 말한 장애인 차별 금지법도 처음 안건이 나온 시기는 2005년이지만 법은 2009년에야 통과됐습니다. 장애인 인권 단체들이 인권 보장을 외치지 않았다면 이 법은 훨씬 더 늦게 만들어졌을지도 모릅니다. 그러므로 법과 상관없이 인권은 그 자체로 우선시돼야 합니다."

장애인 차별 금지법이란?

정식 명칭은 '장애인 차별 금지 및 권리 구제 등에 관한 법률'이다. 지난 2007년 4월 10일에 제정되었고 2008년 4월 11일부터 시행되었다. 이 법은 장애인이 직장이나 학교, 단체 등에서 활동하고 교통 시설, 공공 기관 등을 이용할 때 정당한 이유 없이 부당한 대우를 받는 것을 차별로 보고 있다. 또 우리나라에 아직 남아 있는 장애인에 대한 차별을 없애기 위해 국가는 필요한 기술적·행적적인 지원을 해야 한다고 명시되어 있다. 때문에 장애인을 위한 보조 기구나, 시각 장애인이 안내견과 함께 교통 시설을 이용하는 것을 막는 행위는 명백한 차별 금지법 위반이다.

선생님 말이 끝나자마자 법이 우선이라 주장하는 팀의 민수가 흥분한 목소리로 말했다.

"고대 그리스의 철학자 소크라테스는 "악법도 법이다."라는 말을 남겼습니다. 만약 법을 함부로 여긴다면 우리 사회의 질서는 파괴되고 말 거예요. 사회 질서를 위해서라면 악법이라 하더라도 반드시 지켜야 하는 것이지요. 그러므로 인권을 우선시하기보다는 법을 지키는 것이 더 중요하다고 생각합니다."

민수의 말이 끝나자마자 '인권 우선' 팀의 형식이가 기다렸다는 듯이 말문을 열었다.

"정말 악법도 법이기 때문에 지켜야 할까요? 제가 자료를 찾아보니까, '악법도 법'이라는 말은 소크라테스가 한 게 아니라고 해요. 소크라테스가 누명을 쓰고서도 다른 나라로 도망가지 않고 독이 든 잔을 마신 것은 자신의 신념을 지키기 위해서였다고 합니다. 악법도 법이란 말은 훗날 나쁜 법을 만든 사람들이 법에 대한 불만을 잠재우기 위해 만든 말이었어요. 뿐만 아니라 우리나라 헌법 재판소도 법을 지키는 것은 정당한 법에만 적용되는 것이라고 하며 악법도 법이란 말이 교과서에 나오는 건 적절하지 않다고 밝히기도 했습니다."

형식이의 말에 아이들은 술렁거렸다. 소크라테스가 그런 말을 한 적이 없다니……. 아이들이 받은 충격에도 아랑곳 않고 형식이는 차분하게 발언을 이어 나갔다.

"이렇듯 나쁜 법은 없어져야 하고, 나쁜 법을 없애기 위해 노력해야 하는 것은 당연합니다. 좋은 법과 나쁜 법을 나누는 기준은 바로 인권입니다. 법이 정말 모든 사람의 인권을 보장하는지, 아니면 몇몇 힘 있는 사람들을 위한 법인지 살펴본다면 그 법이 나쁜 법인지 좋은 법인지 알 수 있습니다. 법을 살펴볼 때도 인권을 기준으로 삼아야 하는 것이지요."

그때 '법 우선' 팀의 승아가 손을 번쩍 들고 반대 의견을 말했다.

"저도 인권을 침해하는 법이 생길 수 있다는 것은 인정해요. 하지만 법

을 바꾸는 일에는 절차가 필요해요. 만약 누구나 마음대로 법을 바꿀 수 있다면, 우리 사회는 말도 못 하게 혼란스러워질 거예요. 혼란스러운 사회에서 인권 침해는 더더욱 심각해질 거고요. 법을 바꾸는 것도 법에 정해진 절차에 따라 해야 합니다. 이처럼 법이 우선되지 않으면 인권을 침해하는 법을 바꾸는 것도, 인권을 침해하는 법이 만들어지는 것을 막는 것도 불가능할 거예요."

승아의 말이 끝나자 토론을 지켜보던 선생님이 입을 열었다.

"이제까지 여러분의 발언을 들어보니 인권을 침해하는 잘못된 법이 만들어질 수 있다는 것에는 모두 동의하는 것 같습니다. 그렇다면 여기서 선생님이 질문 하나를 할게요. 잘못된 법은 어떻게 바꿀 수 있을까요? 양 팀별로 토의를 해 보고 최종 변론 때 함께 답변해 주기 바랍니다."

선생님의 말이 끝나자마자 양 팀의 아이들은 토의를 시작했다. 30분 정도 시간이 흐른 뒤, 윤태가 안경을 고쳐 쓰고 최종 변론을 시작했다.

"법은 모든 국민이 따르고 지켜야 하기 때문에 매우 신중하게 만들어집니다. 물론 너무 오래전에 만든 법이라 오늘날에 적용하기 어렵거나 잘못된 법은 당연히 바꾸어야 합니다. 하지만 소수의 몇몇 사람들이 법을 바꾸자고 주장한다고 해서 법을 마음대로 바꿀 수는 없습니다. 법을 바꾸려면 국민의 여론을 살펴야 하고, 국회 의원들의 오랜 검토와 회의를 거쳐야 합니다. 이렇게 오랜 절차를 걸쳐 신중하게 만들어진 것이 법이므로, 결국 법은 인권보다 우선시되어야 한다고 생각합니다."

윤태의 최종 변론이 모두 끝났다. 이제 동찬이의 최종 변론이 남아 있었다. 동찬이는 침을 꿀꺽 삼키고 천천히 자리에서 일어났다.

"법을 함부로 바꿔서는 안 된다는 말에는 저도 동의해요. 하지만 법을 바꾸는 것 자체가 너무 어렵다면, 그 법이 바뀌는 동안 인권이 침해당하는 건 누가 막아줄 수 있을까요?"

동찬이는 이렇게 말하고 노란 봉투를 아이들 앞에 꺼내 보였다. 그 봉투에는 '4만 7천 원'이라고 크게 적혀 있었다.

"여러분은 노란 봉투 모금 캠페인에 대해 알고 있나요? 노란 봉투 모금 캠페인은 지난 2008년 대량 해고에 반대하여 파업을 했던 쌍용 자동차 노동자들을 돕기 위한 모금이었습니다. 우리나라의 법은 해고에 반대해서 파업을 하는 것은 불법으로 정하고 있습니다. 그리고 법원에서 해고당한 사람들이 파업을 한 것을 문제 삼아 회사에 47억을 내라는 판결을 내렸습니다."

동찬이의 발언에 토론반의 분위기가 숙연해졌다. 동찬이는 숨을 고르고 발언을 계속했다.

"하루아침에 일자리를 잃어서 당장 수입도 없는 사람들에게 어마어마한 돈을 내라고 하다니, 정말 황당하지요? 이렇게 파업의 책임을 묻는 나라는 OECD 국가 중 우리나라가 유일하다고 합니다. 하지만 법은 쉽게 바뀌지 않고 있습니다. 그래서 사람들이 한 사람당 4만 7천 원씩 10만 명이 함께 돈을 모으는 모금 운동을 시작한 것입니다. 왜 법대로 하는 것을 그대로 두지 않고 사람들이 이렇게 나섰을까요?"

동찬이는 아이들을 하나하나 돌아보며 말했다. 아이들의 시선이 동찬

이에게 집중됐다.

"이런 운동에 참여하는 사람들이 점점 많아지고 잘못된 법을 바꿔야 한다는 목소리가 커지면 잘못된 법은 바뀔 것입니다. 우리가 태어나기도 전이지만, 민주주의도 법이 바뀔 때까지 기다려서 얻은 게 아니라 1987년 6월 사람들이 거리에서 민주주의를 외쳤기 때문에 가능했습니다. 인권이 법보다 우선인 이유도 여기에 있습니다. 잘못된 법을 거부하고 인권을 외치는 사람들의 노력이 아니었다면 법은 쉽게 바뀌지 않을 것입니다."

동찬이의 말에 아이들은 한동안 아무 말도 못 했다. 선생님도 한참 동안 아무 말이 없었다. 처음엔 단순히 토론 동아리 활동으로 시작한 것이지만, 토론이 시작될수록 잘 알지 못했던 사실들을 하나씩 알게 되었고 그만큼 아이들은 더 진지해졌다. 잠시 동안 생각에 잠겨 있던 선생님이 마무리 발언을 했다.

> **6월 민주화 운동**
>
> 1987년 전두환 전 대통령은 국민의 비난에도 불구하고 잘못된 법을 고치지 않겠다는 내용의 '4·13 호헌 조치'를 발표했다. 이에 국민은 그해 6월 10일을 시작으로 약 20여 일 동안 거리에서 시위를 벌이며 대통령의 결정에 반발했다. 이를 6월 민주화 운동이라고 한다.

"오늘 진지하게 토론해 주어서 모두 고마워요. 인권은 사람이면 누구나 누려야 할 가장 기본적인 권리입니다. 그래서 법은 인권을 보장하는 것을 중요한 가치로 삼고 있습니다. 올바른 법은 살아 숨 쉬어야 한다고 합니다. 한 번 만들어지면 고치기 어려운 법이 아니라, 올바른 방향으로 끊임없이 변해야 하는 것이지요. 휴대 전화를 압수하는 교칙은 인권 침해일까요, 아닐까요? 단순히 교칙의 내용만 보고 판단하는 것보다 교칙을 만들 때 학생들의 의견을 충분히 듣고 만들었는지 그리고 교칙을 고치는 과정이 자유로운지, 마지막으로 학생들의 개인 소지품을 함부로 가져가는 것이 올바른지에 대해서도 곰곰이 살펴야 합니다. 이렇게 인권 문제와 함께 좋은 법이 만들어지는 것에도 관심을 기울인다면 훨씬 더 행복한 사회가 될 수 있지 않을까요?"

선생님의 말에 아이들은 힘차게 고개를 끄덕였다.

"자 그럼 여러분, 다음 2차 토론에서는 어떤 이야기를 나눠 볼까요?"

그때 윤태가 손을 번쩍 들었다.

"선생님, 저는 인권과 의무의 관계에 대해 이야기했으면 해요."

윤태는 이렇게 말하고 자기 경험담을 털어놓았다.

"지난주에 복도에서 뛰다가 옆 반 선생님께 혼나고 쉬는 시간 동안 손을 들고 있었어요. 제가 알기론 우리 학교에서 분명히 체벌을 금지하고 있는데 말이죠. 그래서 체벌 금지가 아니냐고 여쭈어봤는데, 선생님이 복도에서 뛰지 말라는 기본적인 규칙도 지키지 않아 놓고 어디서 체벌 금지를 주장하느냐며 더 혼내셨어요. 체벌은 분명히 금지돼 있는데, 단지 복도에서 뛰었다는 이유로 이렇게 인권을 침해해도 되는 건가요?"

평소에도 모든 건 법대로 해야 한다고 주장하는 윤태다운 말이었다.

"윤태야, 그렇지만 네가 잘못한 것도 사실이잖아."

민수가 약간 난처한 표정을 지으며 말했다. 교칙에서 체벌을 금지하고 있더라도 손을 들고 벌을 서게 한 것 정도는 체벌이라고 생각하지 않기 때문이었다.

"나도 민수 생각에 한 표."

"어째서? 체벌 안 한다고 해 놓고 그때그때 달라지면 안 되지."

"원래 법에서도 권리를 주장하려면 기본적인 의무를 다해야 한다고 하잖아. 학생이 복도에서 뛰면 안 되지. 기본적인 의무를 다하지 않고 자기 인권을 주장하는 건 좀 그렇지 않나?"

"인권은 사람이면 누구나 누려야 할 권리라고 앞에서 얘기할 때 뭐 들었니? 의무와 상관없이 인권은 무조건 보장받아야 하는 거라고!"

아이들의 목소리가 높아지며 분위기가 험악해졌다. 팔짱을 끼고 지켜보던 선생님이 상황을 정리하기 위해 나섰다.

"자자, 여러분의 생각은 다음 시간에 정리해서 발표하도록 해요. 흔히 권리와 의무는 한 세트라고 합니다. 권리를 누리려면 의무를 다하라는 것이지요. 그럼 인권에도 의무가 있을까요? 학생의 인권을 보호하기 위해 제정된 학생 인권 조례를 보면 체벌을 금지하는 조항이 있어요. 하지만 잘못을 했으면 체벌을 받는 게 당연하다고 보는 시각도 있죠. 다음 토론 시간에는 오늘 이야기를 바탕으로 의무가 우선인지 인권이 우선인지에 대해 이야기해 보도록 해요. 어때요?"

아이들 모두 선생님의 제안에 동의했다.

동찬이는 1차 토론 준비를 하면서 전혀 모르고 있었던 쌍용 자동차 노동자들의 이야기를 접할 수 있었다. 이번 2차 토론에서는 또 어떤 것들을 배우고 새롭게 알게 될지 벌써부터 기대가 됐다.

쟁점 2.

인권이 우선일까? vs 의무가 우선일까?

    2차 토론을 준비하면서 동찬이는 인권에 대해서 좀 더 많은 사실을 알게 되었다. 토론반에 들어오니 이미 양 팀의 아이들이 토론을 준비하고 있었다. 2차 토론도 1차 토론과 마찬가지로 '인권이 우선'이라 주장하는 지현, 형식, 동찬이와 '의무가 우선'이라 주장하는 윤태, 승아, 민수로 팀이 나뉘어졌다. 이윽고 선생님이 들어오자 토론이 시작되었다.

    "지난번 1차 토론에서는 인권과 법에 대해서 토론을 진행했습니다. 오늘 2차 토론의 주제는 인권과 의무의 관계입니다. 인권은 사람이라면 당연히 누려야 할 권리이므로 인권에는 따로 의무가 없을까요? 아니면 다른 법적 권리처럼 의무가 필요한 것일까요? 2차 토론을 통해 여러분의 생각이 더 깊고 풍부해지기 바랍니다. 자, 그럼 2차 토론을 시작해 볼까요?"

    선생님의 말이 끝나자, '인권이 우선' 팀의 지현이가 기다렸다는 듯이 의기양양한 표정으로 발언을 시작했다.

    "인권은 모두 알다시피 사람이라면 누구나 누려야 할 가장 기본적인 권리입니다. 성별과 나이, 돈의 많고 적음, 가치관 등등 어떤 것과도 상관없이 무조건 보장받아야 하는 것이지요. 이런 인권에 당연히 의무가 있을 순 없다고 생각해요. 의무를 다한 사람이든 그렇지 않은 사람이든, 사람이면 누구나 인권을 보장받아야 한다고 생각합니다."

    지현이의 발언이 끝나자 '의무가 우선' 팀의 윤태가 고개를 가로저으며

일어섰다.

"인권이 사람이면 누구나 누려야 할 권리라는 말에는 저도 동의해요. 하지만 모든 권리에는 의무가 따르기 마련입니다. 수업 시간에도 배우는 우리 국민의 4대 의무를 예로 들어 볼게요. 국방의 의무를 다해야 전쟁이 났을 때 나라로부터 생명과 재산을 보호받을 수 있고, 세금을 잘 내서 납세의 의무를 다해야만 나라가 제공하는 여러 서비스를 받을 수 있어요. 또 교육의 의무를 다할 자세가 된 사람만이 나라가 제공하는 기초 교육을 돈을 내지 않고도 받을 수 있고요. 만약 국민이 이런 의무를 소홀히 한다면 나라는 제대로 돌아갈 수 없을 거예요."

양 팀의 발언이 한 번씩 오가자 선생님이 흡족한 표정으로 말했다.

"양 팀의 의견 잘 들었습니다. 초반부터 기세가 무섭네요. 지현이는 인권은 조건 없이 인간이면 누구나 누리는 권리이므로 인권에 의무가 있을 수 없다고 주장했고, 이에 반해 윤태는 모든 권리에는 의무가 있으므로 인권을 보장받으려면 이에 따른 의무를 다해야 한다고 주장했습니다. 그럼 두 팀의 주장에 대한 반론 시간을 갖도록 하겠습니다."

반론 시간이 되자 '인권이 우선' 팀의 형식이가 자리에서 발딱 일어났다.

"윤태가 국민의 의무와 권리가 있듯이 인권에도 의무가 있다고 했지만 저는 그 말에 동의할 수 없습니다. 인권은 그 사람이 한 나라의 국민이냐 아니냐를 뛰어넘는 권리니까요. 만약 윤태 말대로라면 외국인의 인권은 무시해도 상관없는 걸까요? 외국인은 우리나라 국민으로서 의무를 다하지 않으니까요. 우리 어린이들은 어떤가요? 국가에서 어린이들의 인권을 보호하기 위해 노력하는 것은 우리가 의무를 다하기 때문이 아니에요. 어린이의 인권은 의무와 상관없이 보장받아야 하기 때문이죠."

"어린이들은 의무를 다하기에는 아직 어리잖아요. 이건 예외로 봐야죠."

'의무가 우선' 팀의 민수가 형식이의 말이 끝나기가 무섭게 말했다. 민수는 아이들을 둘러보며 말을 계속했다.

"그래서 어린이들에게는 세금을 내거나 군대에 가라고 하지 않잖아요.

하지만 학교에서는 학생으로서 지켜야 할 의무가 있어요. 공부를 하고 다른 사람에게 피해를 주지 말아야 하는 것도 의무라면 의무 아닌가요? 형식이가 외국인 이야기를 했는데, 외국인은 우리나라에 온 손님이니까 당연히 인권을 보장받아야죠. 하지만 우리나라 국민이라면 적어도 국민으로서의 의무를 다해야 국가의 보호를 받을 수 있는 것 아닐까요?"

민수의 말에 아이들이 웅성거렸다. 그때였다. 궁금한 것이 많은 동찬이가 조용히 자리에서 일어나 한마디 했다.

"그렇다면 국민 중에 의무를 다하지 못한 사람들은 국가에서 인권을 보장하지 않아도 될까요?"

아이들이 모두 동찬이의 얼굴을 쳐다보았다.

"2013년에 한 할머니와 손자가 전기세를 낼 돈이 없어서 촛불을 켜고 자다가 집에 불이 나서 목숨을 잃은 사건이 있었습니다. 2011년에 서울역에 사는 노숙자들을 강제로 쫓아낸 사건도 있었고요. 화재로 목숨을 잃은 할머니와 노숙자들은 국민으로서의 의무를 다하지 않았으니 국가에 아무것도 요구하면 안 되는 걸까요?"

동찬이의 질문에 아이들은 아무도 대답하지 못했다. 동찬이는 차분하게 말을 이어 나갔다.

"솔직히 저는 이번 토론을 시작할 때만 해도 어느 주장이 옳은지 잘 몰랐습니다. 그런데 여러 가지 인권 관련 뉴스를 찾아보면서 많은 것을 알게 되었습니다. 전기세를 못 내도 죽는 일은 없어야 하지 않을까요? 국민의 의무를 다하지 못해도 편히 잘 수 있는 공간은 있어야 하고요. 또 공부를 못해도 학생으로서 존중받아야 합니다. 인권을 존중받지 못하면 인간다운 삶을 살고 있는 게 아니라고 합니다. 국민의 의무를 다하지 않으면 사람 취급을 하지 않아도 되는 걸까요? 저는 아니라고 생각합니다."

이때 '의무가 우선' 팀의 승아가 발언권을 얻었다. 승아는 동찬이의 말에 동의할 수 없다는 듯이 어깨를 들썩이며 말했다.

"인권보다 의무가 우선이어야 한다는 말은 동찬이가 말하는 것처럼 인권 침해를 당하고 있는 사람들에게 인권보다 의무를 먼저 이야기하자는 것은 아니에요. 동찬이가 든 예처럼 인권 침해를 받는 소수의 약자들이 아닌, 대부분의 사람 즉 국민으로서 지켜야 할 의무를 충분히 다할 수 있는 상황에서도 의무를 다하지 않는 사람들을 이야기하는 거예요."

선생님이 가볍게 손뼉을 치며 정리를 했다.

"그럼 지금까지 나온 문제의식을 바탕으로 최종 변론을 하는 시간을 갖도록 하겠습니다. 최종 변론 전에 양 팀에게 물어보겠습니다. 인권에 의무는 전혀 없는 것일까요? 양 팀이 생각하는 의무는 어떤 것인가요? 최종 변론을 할 때 답해 주기 바랍니다."

선생님이 말을 마치고 나자 양 팀 아이들은 주장을 정리하고 선생님의 질문에 답변을 하기 위한 시간을 가졌다. 30분 정도 흐른 뒤 윤태가 굳은 표정으로 일어났다.

"동찬이의 말처럼 인권은 사람답게 살기 위한 가장 기본적인 권리입니다. 그런데 만약 다른 사람의 인권을 함부로 해치는 사람이 있다면 어떻게 해야 할까요? 그런 사람의 인권도 보장해야 옳을까요? 예를 들면 수 없이 많은 사람을 죽인 연쇄 살인범의 인권도 보장돼야 하는 것일까요? 죄 없는 사람들을 고문하고 감옥에 보낸 독재자의 인권은요?"

윤태의 속사포 같은 말에 상대편 아이들은 놀란 기색이 역력했다. '연쇄 살인범이라니 예를 들어도 너무 심한 거 아니야?'라는 웅성거림이 들렸지만 윤태는 신경 쓰지 않고 발언을 계속했다.

"저희 팀은 다른 사람의 인권을 침해하지 않는 것이 사람의 기본적인 의무라고 생각합니다. 다른 사람의 인권을 함부로 생각하는 사람이 자신의 인권만을 주장한다면 그것은 정의라고 할 수 없기 때문입니다. 때문에 이런 기본적인 의무를 다해야만 인권을 보장받을 수 있습니다. 즉, 인권도 의무가 우선되어야 보장받을 수 있는 권리라고 생각합니다."

윤태의 최종 변론이 끝나고 형식이가 최종 변론을 위해 일어났다.

"모든 인간은 인권을 보장받아야 합니다. 다른 사람의 인권을 침해했다 해도 말입니다. '짐승의 탈을 쓴 사람'이란 말도 있지만 아무리 나쁜 짓을 한 범죄자도 사람은 사람입니다. 물론 지은 죄에 걸맞은 벌은 받아야겠죠. 하지만 그것과는 별개로 사람으로서 기본적으로 누려야 할 권리는 보장돼야 해요. 만약 그들이 한 행동 때문에 그들의 인권을 보장하지 않는다면, 인권은 모든 사람이 누리는 권리가 아니라 특정한 사람만이 누리는 권리가 될 것입니다."

형식이와 한 팀인 동찬이와 지현이가 고개를 끄덕거렸다. 형식이는 차분하게 숨을 고른 뒤 말을 이었다.

"저희 팀은 나라가 인권 보장의 의무를 다해야 한다고 생각합니다. 부자든 가난하든 죄를 지었든 죄를 짓지 않았든 어른이든 아이든 모든 사람이 사람다운 삶을 보장받기 위해서는 나라의 도움이 필요합니다. 물론 다른 사람의 인권을 침해하지 않는 것은 사람이라면 반드시 지켜야 할 약속입니다. 하지만 이를 어겼다고 해서 인권을 빼앗진 않습니다. 인권은 사람이기 때문에 누리는 고유한 권리이기 때문입니다. 그러므로 저희 팀은 의무보다 인권이 우선이라고 주장합니다."

양 팀의 최종 변론이 모두 끝나고 선생님이 미소를 지으며 말했다.

"오늘도 매우 훌륭한 토론이었습니다. 사실 사람과 사람 사이에서 인권 침해가 벌어지는 것보다, 국가나 사회가 개인의 인권을 제대로 보장하지 못하는 경우가 더 많습니다. 그래서 인권 운동을 하는 사람들은 국가가 개개인의 인권을 보장하기 위해 얼마나 노력하고 있는지를 살펴보고, 국가가 의무를 다하도록 목소리를 높입니다. 하지만 이에 못지않게 중요한 것이 또 있습니다. 바로 나의 인권뿐만 아니라 다른 사람의 인권도 보장될 수 있도록 노력과 관심을 기울이는 것이지요."

선생님의 말에 아이들은 모두 천천히 고개를 끄덕였다.

"선생님, 그럼 3차 토론은 어떤 걸로 하면 좋을까요?"

승아가 물었다. 선생님은 아이들에게 책 한 권을 보여 주었다.

"지금 선생님이 들고 있는 책은 《전태일 평전》입니다. 전태일은 지금으로부터 50여 년 전 서울 평화 시장의 재단사로 일했습니다. 전태일은 노동자들의 열악한 노동 환경을 보다 못해 정부 기관에 찾아가 호소했지만, 아무도 그의 요구를 들어주지 않았습니다. 결국 그는 평화 시장 앞에서 시위를 벌이고 스스로의 몸에 불을 붙여 목숨을 잃었습니다. 《전태일 평전》에는 바로 전태일의 삶과 죽음, 그리고 당시 가혹한 노동 환경에서 일하던 사람들의 모습이 담겨 있습니다."

"와, 말도 안 돼. 공장에서 일하는 사람들이 뭔 죄라고……. 노동자들의 기본적인 인권은 지켜 줘야 하는 거 아니에요?"

지현이가 눈을 동그랗게 뜨며 물었다.

"당시에는 경제를 살리는 게 인권보다 더 중요하다고 생각하는 사람들이 많았어요. 지금도 나라 경제가 발전하면 인권 문제는 자연스럽게 해결된다는 사람들과, 경제 발전보다도 인권 보장이 우

전태일은 누구?

전태일은 1960년 서울 평화 시장 봉제 공장의 재단사로 있으면서 열악한 환경에서 일하는 노동자들을 위해 헌신한 노동 운동가이다. 그는 동료들과 '바보회'라는 노동 운동 모임을 만들고 청계천 공장 지대에서 일하는 노동자들의 열악한 노동 환경을 개선하기 위해 노력했다. 하지만 당시 기업과 정부는 "근로 기준법에 명시돼 있는 노동자의 권리를 보장하라."는 전태일과 노동자들의 요구를 무시했고, 급기야 전태일은 1970년 10월부터 노동 환경 개선을 요구하는 시위를 시작했다. 노동자들의 시위에도 정부와 기업의 변화가 없자, 전태일은 1970년 11월 평화 시장 입구에서 몸에 휘발유를 끼얹고 불을 붙여서 스스로 목숨을 끊었다. 그의 죽음을 계기로 사람들은 노동자들의 열악한 환경에 눈을 돌리게 되었고, 노동조합과 노동 운동이 본격화되는 계기가 되었다.

선이라는 사람들이 맞서고 있습니다. 그래서 마지막 토론거리는 경제 성장과 인권으로 했으면 하는데, 어떤가요?"

"네! 좋아요!"

아이들이 모두 힘차게 대답했다. 동찬이는 선생님이 보여 주신 《전태일 평전》을 꼭 읽어 보기로 마음먹었다.

쟁점 3.
인권이 우선일까? vs 경제 성장이 우선일까?

마지막 3차 토론 시간이 돌아왔다. 동찬이는 《전태일 평전》을 손에 쥐고 토론반으로 들어왔다. 어제저녁 동찬이는 책의 마지막 페이지를 다 읽고 눈물을 흘렸다. 다른 사람을 위해 스스로 목숨을 던진 전태일의 모습이 깊은 울림으로 다가왔기 때문이었다.

'이번 토론 꼭 잘 끝낼 거야.'

동찬이는 이렇게 다짐하며 《전태일 평전》을 꼭 쥐었다. 이번에도 1, 2차 토론과 같이 '인권이 우선' 팀엔 지현, 형식, 동찬이가 속해 있었고, '경제 성장 우선' 팀에는 윤태, 승아, 민수가 이름을 올렸다. 이윽고 선생님이 교실로 들어와 교탁 앞에 섰다.

"첫 번째 토론에서는 인권과 법을 살펴보았고, 두 번째 토론에서는 인권과 의무에 대해 알아봤습니다. 마지막 세 번째 토론은 인권과 경제 성

장 중 어느 것을 더 우선해야 하는가 하는 문제를 가지고 이야기를 나눠 보겠습니다. 빠른 시간 안에 경제 성장을 이룬 우리나라는 그동안 인권 문제를 소홀히 했다는 비판을 많이 받아 왔습니다. 하지만 다른 어떤 것 보다 경제 성장을 중시했기 때문에 우리나라의 인권 의식도 덩달아 성장할 수 있었다는 주장도 있습니다. 이번 토론을 통해 경제 성장과 인권에 대한 고민들을 함께 해 볼 수 있기를 바랍니다. 그럼 지금부터 양 팀의 주장을 먼저 들어 보겠습니다."

선생님의 토론 시작을 알리는 소리와 함께 윤태가 자리에서 가볍게 일어났다. 표정을 보니 이번 토론을 단단히 준비한듯 했다.

"우리나라의 1960년대 1인당 국민 소득은 68달러에 불과했습니다. 그런데 지금은 3만 달러가 넘습니다. 소득이 400배 이상 많아진 것이지요. 이렇게 대단한 경제 성장을 한 나라는 전 세계에서 찾아보기 힘들다고 해요. 만약 우리가 경제 성장보다 인권 보장에 더 신경을 썼다면 지금처럼 잘살 수 있었을까요? 어쩌면 아프리카의 가난한 나라들처럼 살고 있었을지도 모릅니다. 이렇듯 경제 성장을 이루었기 때문에 인권 보장 문제에도 관심을 가질 수 있게 된 것이라고 생각해요."

윤태의 주장이 끝나자 형식이가 반대 주장을 펼치기 시작했다.

"1960년대 가난한 나라였던 우리나라가 지금은 선진국 대열에 합류하고 OECD에 가입한 나라가 되었습니다. 하지만 안타깝게도 우리나라의 인권은 후진국에 가깝습니다. 현재 우리나라 노동자들은 OECD 가입 국가들의 평균보다 훨씬 더 많이 일하고 있다고 합니다. 우리나라의 복지 수준도 OECD 국가들 중에 하위권이라고 합니다. 생계를 보장받지 못해서 가난한 노인들의 수도 OECD 국가 중 가장 높은 수준이고요. 경제 선진국은 되었을지 몰라도, 인권 수준은 최하위에 머물고 있는 것이지요."

형식이가 준비해 온 자료를 차분하게 발표하자 아이들은 고개를 끄덕이며 형식이의 말에 귀를 기울였다. 형식이는 말을 계속했다.

"저는 모든 국민이 행복하게 살기 위해 경제 성장을 해야 한다고 생각합니다. 그런데 우리나라는 왜 경제 규모는 높은 수준인데 인권은 그렇지 못할까요? 이게 다 경제 성장만 강조하고 사람들의 인권은 외면했기 때문입니다. 만약 계속해서 인권을 무시하고 경제 성장만 강조한다면 아무리 경제 성장을 해도 우리나라는 '인권 후진국'이라는 부끄러운 이름을 버리지 못할 것입니다."

양 팀의 주장을 들은 선생님이 말했다.

"양 팀의 주장을 잘 들었습니다. 먼저 '경제 성장 우선' 팀의 윤태는 우리나라가 짧은 시간에 경제 성장을 하는 과정에서 인권보다는 경제 성장에 목소리를 높인 덕분에 지금은 인권 문제에도 관심을 가질 수 있게 되었다고 주장했습니다. 반면 형식이는 우리나라가 경제 성장을 한 것은 맞지만, 다른 나라에 비해 인권은 후진국에 가까운 수준인 현실을 이야기하며 이는 인권 보장보다 경제 성장을 더 우선하기 때문에 생긴 것이라고 주장했습니다. 그럼 양 팀에서 반론을 시작하기 바랍니다."

선생님의 말이 끝나자 '경제 성장 우선' 팀의 승아가 일어나서 반론을 시작했다.

"우리나라가 OECD 회원국이긴 하지만 인권 문제에 신경 쓸 여유가 다른 선진국들에 비해서 턱없이 부족하다고 생각해요. 하지만 경제 성장 덕분에 우리나라의 인권도 많이 발전했습니다. 초등학교와 중학교, 그리고 고등학교에서 무상 급식이 전면적으로 실시된 것만 봐도 그래요. 만약 우리나라의 경제가 어려웠다면 무상 급식이 가능하기나 했을까요? 여러 복지 제도가 생겨난 것도 경제 성장이 있었기 때문에 가능했습니다.

인권을 보장하는 데도 돈이 드니까요. 경제 성장이 인권 보장보다 더 중요한 이유가 여기 있습니다."

승아가 발언을 마치자 지현이가 일어나서 다시 반론을 했다.

"인권은 여러 가지가 있습니다. 어느 정도 경제 성장이 이루어져야 보장되는 인권으로는 교육받을 권리나 사회 보장을 받을 권리 같은 것들이 있습니다. 하지만 그것이 인권의 전부일까요? 인권의 가장 중요한 가치 중에 하나인 자유와 평등은 어떨까요? 경제 성장과 크게 관계없는 인권들도 경제 성장을 이유로 무시당했던 게 사실입니다."

"경제 성장을 이유로 무시당했던 인권이 뭐가 있는데요?"

'경제 성장 우선' 팀의 민수가 불쑥 질문을 했다. 지현이는 침착하게 답변했다.

"제가 찾은 자료에 의하면, 1970년대에는 국가가 머리 길이와 치마 길이까지 단속했다고 해요. 가요도 별별 트집을 다 잡아서 금지곡으로 만들었고요. 옷을 맘대로 입고 머리도 하고 싶은 대로 하고 듣고 싶은 노래를 들을 자유마저 경제 성장을 위해 희생돼야 하는 걸까요? 우리나라는 70년대부터 80년대까지 독재 국가나 다름없었습니다. 국민은 자신의 목소리를 낼 수 없었고요. 신문이나 방송에서도 모두 정부가 원하는 내용만 기사로 내보냈다고 해요. 독재 정부를 비판하는 사람들은 감옥에 가기도 하고 고문을 당하기도 했습니다. 이러한 인권 침해는 경제 성장을 한다고 해서 해결되지 않는다고 생각해요. 우리나라가 잘살든 못살든 우리나라 모든 국민은 자유와 평등을 누려야 합니다."

지현이의 주장이 끝나자마자 윤태가 자리에서 발딱 일어나서 속사포처럼 빠르게 말했다.

"경제 성장과 상관없는 인권에 대한 의견은 저도 지현이의 생각과 거의 같습니다. 하지만 사회 보장을 받을 권리나 교육권, 환경권 같은 권리들은 나라의 경제가 뒷받침되지 않으면 보장할 수 없습니다. 그런데 당장

나라 경제가 어려운데 이러한 권리를 누려야 한다고 주장한다면 경제 정책은 이런 목소리에 휘둘릴 수밖에 없습니다. 경제 성장을 이루고 모든 사람이 인권을 보장받기 전까지는 어느 정도의 양보와 희생이 필요합니다. 님비 현상공공의 이익이 되는 일이지만 자신이 속한 지역에서 그것을 하는 건 반대하는 지역 이기주의처럼 양보와 희생을 무조건 거부해도 될까요?"

반론이 모두 끝나자 선생님이 말했다.

"양 팀의 치열한 반론 잘 들었습니다. 잠시 토의 시간을 줄 테니 서로의 반론들을 잘 생각해서 마지막 최종 변론을 준비하기 바랍니다."

양 팀의 아이들은 머리를 맞대고 10여 분간 고민했다. 이윽고 '경제 성장 우선' 팀의 민수가 일어나서 최종 변론을 시작했다.

"저희 할머니가 자주 하시던 말인데, '곳간에서 인심 난다.'는 말이 있습니다. 경제적으로 넉넉해야 주변 사람들을 돌볼 여유가 생긴다는 뜻입니다. 저는 인권도 마찬가지라고 생각합니다. 전쟁이나 자연재해처럼 큰 혼란에 빠진 곳에서 가장 먼저 일어나는 것이 바로 인권 침해입니다. 2차 세계 대전 때 독일이 저지른 끔찍한 범죄인 유대인 학살은 독일 경제가 심각한 문제에 처했을 때 일어났습니다. 인권을 보장하기 위해서는 우선 경제가 튼튼해야 합니다. 경제가 튼튼하지 못하면 인간다운 삶은 꿈도 꿀 수 없습니다. 그런 의미에서 저희 팀은 경제 성장이 인권보다 우선되어야 한다고 생각합니다."

민수의 최종 변론이 끝나고 동찬이가 마지막 주장을 위해 일어섰다.

"저는 《전태일 평전》을 읽으면서 이런 질문을 계속할 수밖에 없었습니다. 왜 경제 성장을 위해 힘없는 사람들만 희생하고 양보해야 했을까? 왜 방직 공장의 여공들은 밤새 일을 하고 코딱지만 한 월급을 받으며 희생했는데 공장의 사장님들은 배부르게 잘 먹고 잘살았을까? 그런데 저는 이런 일들이 50년 전에만 일어나고 있는 일은 아니라고 생각해요."

동찬이는 의미심장한 표정으로 아이들을 찬찬히 바라본 뒤, 유명한 밀양 송전탑 이야기를 꺼냈다.

"2013년, 밀양에 765킬로볼트의 고압 전류가 흐르는 송전탑을 세우기로 해서 힘없는 할머니들이 온몸으로 막으려 했던 일을 알고 있나요? 정부는 고압 전류가 흘러도 아무 문제가 없다고 말하면서 밀양 주민들에게만 희생을 강요했죠. 아무 문제가 없다면 서울 같은 대도시나 대통령이 사는 청와대 근처에 세우자는 말은 왜 안 했을까요? 경제 성장이 정말 중요하다면 힘없는 사람들의 양보와 희생보다는 힘 있는 사람들의 희생이 먼저 있어야 하지 않을까요? 힘없는 사람들의 희생만 강요하는 경제 성장이기 때문에 지금껏 경제 성장을 해도 우리나라가 인권 후진국이라는 부끄러운 이름을 계속 달고 있는 것은 아닐까요? 그런 의미에서 저희 팀은 인권이 경제 성장이나 그 어떤 가치보다 우선되어야 한다고 생각합니다."

동찬이는 주장을 끝마치고 자리에 앉았다. 준비한 만큼 제대로 이야기를 하지는 못했지만 무언가 울컥하는 게 느껴졌다. 그때 선생님이 미소를 지으며 말했다.

"우리나라에서는 국가의 경제 발전을 위해 개인의 자유와 인권을 제한해야 한다는 사람들이 많은데, 사실 둘 사이에 아무 관계가 없다는 것은 이미 많은 연구를 통해 밝혀졌습니다. 센Sen과 드레즈Dreze라는 사회학자는 오히려 인권이 잘 보장된 나라에서 경제 위기가 없다는 연구 결과를 발표하기도 했지요. 하지만 인권과 경제 성장의 관계에 대한 다양한 고민을 할 수 있었다는 면에서 선생님은 양 팀 모두를 칭찬하고 싶습니다. 최근엔 인권만이 아닌 지구에 사는 모든 생명의 권리가 우선되어야 한다는 주장도 있습니다. 이번 토론을 통해 여러분이 인권에 대해 충분히 알고 다른 사람들의 인권도 존중할 수 있는 계기가 되었기를 바랍니다. 모두 수고했어요."

"네 선생님!"

민수가 큰 소리로 대답하자 아이들과 선생님은 모두 함께 웃었다. 멀게만 느껴지던 인권이 모두의 가슴 속에 깊숙이 자리한 기분이었다.

함께 정리해 보기
인권과 다른 가치들을 둘러싼 쟁점

'인권이 우선' 찬성 팀	논쟁이 되는 문제	'인권이 우선' 반대 팀
인권을 보장하기 위해 만들어진 게 법이므로, 법은 인권보다 우선일 수 없다.	인권이 우선일까, 법이 우선일까?	법은 사람들의 생명과 자유를 존중하기 위해 만들어진 것이므로, 법만 잘 지키면 인권을 존중받을 수 있다.
인권은 의무와 상관없이 누구나 보장받아야 한다.	인권이 우선일까, 의무가 우선일까?	인권을 보장받고 싶다면 그에 따른 의무를 다해야 한다.
인권은 가장 기본적인 권리이므로 경제 성장을 위해 양보할 수 없다.	인권이 우선일까, 경제 성장이 우선일까?	경제가 어느 정도 성장해야 인권 의식에 관심을 가질 수 있다.

2장

학생 인권은 어디까지 보장해야 할까?

2장에서는 여러분이 가장 관심을 가질 만한 주제인 '학생 인권'에 대한 쟁점을 다룹니다. 학생을 어른과 동등한 존재로 인정하고 어른과 똑같은 인권을 누릴 수 있도록 해야 할까요? 또 스스로 생각하고 판단하는 자기 결정권을 학생들에게도 충분히 주어야 할까요? 마지막으로 학생 인권에서 가장 중요한 것은 학생들을 더 많이 보호하는 것일까요, 아니면 학생들이 더 많이 참여할 수 있도록 보장해 주는 것일까요? 이번 토론을 통해 학생 인권에 더 많은 관심을 가지게 되길 바랍니다.

'학생 인권 보장' 찬성 팀

우리는 학생 인권 보장에 제한이 없어야 한다고 생각해. 첫째, 인권은 사람이면 누구나 누려야 할 권리이므로 나이가 어린 학생이라는 이유로 학생들의 인권이 제한되면 안 된다고 생각해. 둘째, 자기 결정권은 헌법에서도 보장하는 기본적인 권리야. 어리다고 해서 스스로 결정하는 권리를 누리지 못하는 건 말도 안 돼. 마지막으로 학생들의 인권 보장에서 가장 먼저 생각해야 할 것은 바로 '참여'야. 학생들도 어른들과 같은 입장에서 학교 일에 참여할 수 있어야 학생들의 인권이 향상되기 때문이야.

'학생 인권 보장' 반대 팀

민수　윤태　동찬

우리는 학생 인권이 중요하지만 학생이기 때문에 어느 정도의 제한은 필요하다고 주장하는 팀이야. 첫째, 학생의 본분은 공부인 만큼 공부를 잘할 수 있는 분위기를 만들기 위해 어느 정도의 통제는 필요하다고 생각해. 둘째, 학생들은 나이도 어리고 경험도 부족하기 때문에 자신의 생각과 판단으로 모든 것을 결정하는 것보다는 어른들의 보살핌과 판단에 기대는 게 옳아. 셋째, 학생들의 인권 보장에서 가장 먼저 생각해야 하는 것은 '보호'야. 학생들이 인권 침해의 피해자가 될 수 있기 때문이지.

학생 인권은 어디까지 보장해야 할까?

"이건 말도 안 돼!"

지현이가 선생님이 나눠 준 가정 통신문을 흔들며 엄마에게 말했다. 가정 통신문에는 큰 글씨로 '담임 생활 지도 동의서'라고 쓰여 있었다.

"말이 안 되긴 뭐가 말도 안 되니?"

엄마는 가정 통신문을 다 읽고 나서도 문제 될 게 없다는 반응이었다.

"아니, 학교에서는 짧은 치마도 금지, 화장이나 귀걸이도 금지라잖아!"

"학생이 그런 걸 왜 하니? 공부하는 데 방해만 되게."

"요즘 비비 크림도 안 바르고 다니는 애가 어디 있어? 귀걸이도 다들 하는데……."

"너희 눈에만 예뻐 보이는 거지. 엄마가 볼 땐 괜히 어른 흉내 내는 것 같고 별로야."

"게다가 매달 시험 봐서 성적 공개한다잖아. 엄마는 딸 성적이 만천하에 공개돼도 상관없어?"

"이 기회에 정신 바짝 차리고 공부하면 좋지, 뭘."

"엄만 정말!"

더 이상 엄마와 대화를 해 봤자 말이 통하지 않을 것 같았다. 지현이는 화가 잔뜩 나서 방문을 쾅 닫고 방으로 들어가 버렸다. 하지만 화를 참을 수가 없었다.

다음 날 토론반에서 지현이는 아이들에게 하소연을 했다. 지현이의 이야기를 귀 기울여 듣고 있던 형식이가 맞장구를 쳤다.

"너희 담임 선생님이 정말 너무하셨는걸? 학생 인권 조례도 모르시나?"

"학생 인권 조례? 그게 뭐더라?"

지현이가 눈을 동그랗게 뜨고 형식이에게 되물었다. 인권 토론을 준비하며 이런저런 신문 기사를 많이 찾아본 형식이가 자신 있게 말했다.

"지난번 토론에서 잠깐 나왔었는데, 까먹었구나? 학생 인권 조례는 학교에서 학생들의 인권을 보장하는 것을 법으로 정해 놓은 거야. 2010년에 경기도에서 먼저 만들었는데, 학생 인권 조례를 보면 학생들의 동의 없이 마음대로 규칙을 정해선 안 된다고 나와 있어."

생각해 보니 지현이 담임 선생님이 나누어 준 동의서는 부모님의 동의를 구하기 위한 것이지 학생들의 의견을 묻는 것은 아니었다. 게다가 제대로 된 설명도 없이 동의서에 서명만 하라고 준 거였다. 이게 진짜 동의를 구하는 것일까?

"학생 인권 조례를 만들면 뭐 해. 반대하는 사람들이 많아서 제대로 시행되는 곳도 별로 없던데. 대부분의 선생님들이나 부모님들은 학생 인권 같은 거 좋아하지 않는다고."

승아가 고개를 가로저으며 말했다.

"사실 학생들에겐 공부가 가장 중요하지 않나? 학생 인권이니 뭐니 이런 건 다 공부엔 별 관심 없는 애들이나 말하는 거 아냐?"

민수가 헤실헤실 웃으며 한마디 내뱉었다.

"야, 조민수! 너 말 다했어?"

지현이의 목소리가 높아졌다.

"아, 아니, 내 말은 널 두고 한 말은 아니야. 오, 오해는 금지라고!"

민수가 서둘러 꼬리를 내렸다.

"민수 말이 좀 심했지만 아주 틀린 말은 아닌 거 같아. 사실 학생에게 가장 중요한 건 공부잖아. 공부를 하기 위해서 학교에 온 거고. 인권도 중요하지만 공부를 잘하기 위해서 어느 정도 통제를 하는 건 어쩔 수 없는 거 아냐?"

윤태의 말에 동찬이도 고개를 끄덕였다.

"맞아, 공부하는 곳에서 무조건 자기 권리만 주장하면 제대로 된 공부를 할 수 있겠어?"

"말도 안 돼. 너희 그게 무슨 소리니? 학생은 사람도 아니야? 인권은

사람이면 누구나 누려야 하는 권리라고. 그러니까 공부보다 인권이 더 먼저 보장되어야 하는 거 아냐?"

이번엔 승아가 흥분한 목소리로 말했다.

"인권을 보장하지 말자는 이야기가 아니잖아. 학생 신분에 맞게 어느 정도는 통제가 필요하다는 거지."

윤태가 말했다.

"우리가 무슨 죄인이냐. 통제하게? 너도 우리 반 같은 일 겪으면 그런

소리 안 나올걸."

"맞아, 지현이네 반이 학생 인권 조례에 나온 내용을 많이 어기고 있는 건 사실이야. 그리고 학생 인권을 보장하는 법을 만드는 것은 그만큼 지금 학교에서 학생 인권이 제대로 보장되지 않고 있다는 걸 의미하는 거라고."

형식이의 말에 윤태가 뭔가 반박을 하려 할 때 토론반 선생님이 들어왔다.

"다들 무슨 일로 열띤 토론을 하고 있는 건가요?"

지현이는 흥분을 가라앉히고 지금까지 아이들 사이에서 오고 간 이야기를 선생님에게 말했다.

"음, 학생 인권에 대해 이야기를 나누었단 말이죠? 그럼 이번 토론반 주제는 학생 인권으로 잡으면 어떨까요? '학생 인권, 어디까지 보장해야 할까?'로 말이에요. 그리고 첫 번째 토론에서는 학생 인권을 어른들과 동등하게 봐야 할지 아니면 학생이기 때문에 어느 정도 제한해야 할지에 대해 이야기해 보는 거죠. 어떤가요?"

"네, 좋아요!"

"그럼 다음 주 토론 시간까지 열심히 준비하길 바랍니다."

"좋았어. 이번만큼은 제대로 준비할 거야."

지현이는 주먹을 굳게 쥐었다.

쟁점 1.

공부를 위해 통제! vs 자유를 누려야 해

    토론 시간이 돌아왔다. 지현이는 지난 일주일 동안 학생 인권에 대한 여러 가지 자료를 찾아보았다. 그리고 학급 규칙을 바꾸기 위해서 어떻게 하면 좋을까 하는 고민도 함께 해 보았다. 지현이는 학생들이 자유와 인권을 충분히 누려야 한다는 팀에 속해 있었다. 승아와 형식이도 함께였다. 공부를 위해 학생 인권을 어느 정도 제한해야 한다는 팀에는 민수, 윤태, 동찬이가 속해 있었다.

    "자, 그럼 이제부터 '학생 인권, 어디까지 보장해야 할까?'라는 주제로 토론을 진행해 보겠습니다. 먼저 학생 인권에 제한이 없어야 한다고 주장하는 팀부터 말해 볼까요?"

    토론반 선생님이 지현이네 팀을 바라보았다. 지현이는 고개를 끄덕이며 자리에서 일어섰다.

    "여러분도 아시다시피 인권은 사람이라면 누구나 누려야 할 권리입니다. 나이나 성별에 상관없이 말이지요. 그런데 아직 어린 학생이라는 이유로 권리를 보장받지 못한다면 그것은 인권이라고 할 수 없습니다. 학생들도 어른들과 마찬가지로 동등하게 인권을 보장받아야 합니다."

    지현이의 말이 끝나자, 학생 인권 제한에 찬성하는 팀의 윤태가 일어나서 반박을 했다.

    "지현이의 말대로 인권은 모두가 누려야 할 권리입니다. 하지만 학생은 공부를 하는 사람이고, 학교는 공부를 위한 곳입니다. 학교는 학생들이 공부를 잘할 수 있는 환경을 만들려고 노력해야 합니다. 학생의 인권을 보장하는 것은 당연한 일이지만, 공부하는 분위기를 해치는 것을 통제하는 것도 당연한 일이라고 생각합니다. 그러므로 학교에서는 공부를 위해 학생들의 인권이 어느 정도 제한되는 것은 당연하다고 생각합니다."

윤태의 발언이 끝나자 선생님이 양 팀의 주장을 정리해 주었다.

"지현이는 학생들도 사람이기 때문에 사람이 누려야 할 권리인 인권을 동등하게 누려야 한다고 주장했고, 윤태는 학교는 공부가 목적인 기관이니 학교에서 학생들의 인권은 어느 정도 제한해야 한다고 주장했습니다. 그럼 양 팀의 주장에 대해 서로 반론을 펴 보도록 하겠습니다."

차분하게 순서를 기다리고 있던 형식이가 자리에서 일어났다. 논리적으로 말하기로 유명한 형식이라 상대 팀 아이들은 바짝 긴장하는 눈치였다.

"학교는 공부를 가르치는 곳이라는 윤태의 말에는 동의합니다. 하지만 학교는 인권과 평화, 자유와 평등도 배우는 곳입니다. 세계 인권 선언은 25조 2항에서 '교육은 인격을 완전하게 발달시킴과 동시에 인권과 기본적 자유에 대한 존경심을 강화하는 방향에서 실시되어야 한다.'라고 밝히고 있습니다. 그렇다면 자유와 평등, 인권과 평화는 어떻게 배울 수 있을까요? 통제만 있고 자유가 없는 학교, 규칙만 있고 인권이 없는 학교에서 인권과 자유를 배울 수 있을까요? 저는 학생이라는 역할과 본분에 관계없이 학생들게도 제한이 없는 인권을 보장해야만 올바른 교육도 가능하다고 생각합니다."

형식이의 말에 학생 인권 제한에 찬성하는 팀은 살짝 당황한 것처럼 보였다. 세계 인권 선언까지 준비해 오다니······. 지현이는 발언을 마친 형식이에게 엄지손가락을 치켜들었다. 제한 없는 인권 보장에 반대하는 팀은 잠시 이야기를 나누었다. 이윽고 민수가 일어나 반론을 폈다.

"학교에서 인권이나 자유를 가르쳐야 하는 건 맞습니다. 그런데 우리가 배울 내용에는 자유와 인권 외에도 수학, 과학, 국어 같은 것도 있습니다. 이것들은 살아가는 데 꼭 필요한 내용이지만 배우기가 쉽지 않습니다. 공부 분위기를 잘 만들고 열심히 배워도 따라가기 힘듭니다. 그런데 만약 학생들이 인권을 앞장세워 자유를 무조건 보장해 줄 것을 주장하면 어떻게 될까요? 꼭 필요하지만 배우기 어려운 것들도 배우지 않으려고 할 것입니다. 이것이 학생들의 미래에 정말 좋은 일일까요?"

민수의 말에 제한 없는 인권 보장을 주장하는 팀의 분위기가 뒤숭숭해졌다. 민수는 발언을 계속했다.

"우리 학생들도 선생님들이 이유 없이 자신들을 함부로 대하는 것과, 공부를 위해 어느 정도의 통제를 가하는 것의 차이쯤은 알고 있습니다. 이러한 통제는 우리가 공부를 더 잘할 수 있도록 도와주기 때문입니다. 그래서 우리에게 필요한 교육을 골고루 받기 위해서는 어느 정도의 통제가 당연히 필요하다고 생각합니다."

두 사람의 발언이 끝난 후 선생님은 손뼉을 치며 말했다.

"형식이와 민수의 반론이 모두 흥미롭네요. 학교에서는 인권과 자유를 배워야 하고, 그러기 위해 학교가 더 자유롭고 인권을 보장받는 환경이어야 한다는 주장은 선생님도 공감 가는 내용이었습니다. 그리고 자유와 인권 이외에 학교에서 배워야 할 것들의 중요성과 이런 것들을 배우기 위해 어느 정도의 통제가 필요하다는 민수의 주장도 설득력이 있었습니다. 그럼 선생님이 질문을 해 보겠습니다. 양 팀은 학생의 자유와 인권 보장에 어느 정도의 제한이 필요하다고 생각하나요? 구체적인 예를 들어 이야기해 주면 좋겠습니다."

선생님의 질문에 양 팀 모두 한동안 이야기를 나누었다. 지현이도 학생들이 어른들만큼 자유와 인권을 누려야 한다고 생각했지만, 막상 그것이 어느 정도인지 구체적으로 생각해 보지 않았기 때문에 많은 고민을 해야 했다. 양 팀 모두 한참 동안 이야기를 나눈 후 동찬이가 먼저 일어났다.

"저희 팀은 학교에서 공부하는 분위기를 만들기 위해서는 반드시 통제가 필요하다고 생각합니다. 만약 학생들에게 인권 보장을 근거로 모든 자유를 허용한다면, 학교에서 공부를 할 아이들은 아무도 없을 것입니다. 우선 수업 시간에 조용히 하는 것, 지각을 하지 않는 것, 공부에 집중하는 것, 숙제를 반드시 해 오는 것은 학생이라면 기본적으로 지켜야 할 약속이라고 생각합니다. 또한 머리 모양이나 옷차림 같은 것도 통제가 필요합니다. 학생답지 않은 요란한 옷차림은 공부에 방해만 되니까요. 복도에서 장난을 치거나 떠드는 것도 마찬가지입니다. 다른 사람들의 공부를 방해하기 때문에 당연히 하지 말아야 하는 행동입니다. 이상입니다."

동찬이의 말이 끝나자, 이번에는 승아가 일어났다.

"지각을 하지 않는 것과 숙제를 제대로 하는 것은 학생이라면 당연히

해야 하는 것이라고 생각합니다. 자유와 인권을 이야기한다고 해서 마음대로 하겠다는 것은 아니에요. 다른 사람의 공부를 방해하는 것도 마찬가지겠죠. 그러나 머리 모양이나 옷차림은 좀 다릅니다. 머리 모양과 옷차림이 공부를 방해하는 것은 아니기 때문입니다. 이런 것들은 공부와 상관없는 개인의 개성 표현이에요. 공부를 위해서라는 말로 이런 것까지 통제하는 것은 분명한 인권 침해입니다. 또한 학생들의 성적이나 감추고 싶은

깨진 유리창 이론

'깨진 유리창 이론'은 1982년 미국의 사회학자 제임스 윌슨과 범죄학자인 조지 켈링이 주장한 이론이다. 그들은 미국에서 지하철의 깨진 유리창을 방치한 결과 시민들이 질서와 법을 지키려는 생각들이 줄어들고 강력 범죄가 늘어난다는 실험 결과를 보고 이러한 이론을 발표했다. 그들은 작고 사소해 보이는 무질서를 계속 방치하다 보면 결국에는 그것이 사회 전체로 확대되고 범죄로 발전하기 때문에 작은 무질서를 그대로 방치하지 말고 그때그때 단속하고 조치를 취해야 한다고 주장했다. 이들의 이론은 기본 질서의 중요성을 강조하는 이론으로 사람들에게 인용되고 있다.

일들을 모든 사람에게 공개하는 것도 인권 침해라고 생각합니다."

승아의 반박이 날카로웠다. 따지기 좋아하는 윤태가 가만히 있을 리가 없었다.

"머리 모양이나 옷차림이 공부에 방해되지 않는다고 했지만 사실 머리 모양이나 옷차림을 신경 쓰다 보면 공부에 소홀해지는 것이 사실입니다. 이번에 토론을 준비하면서 처음 접한 이론인데, 제임스 윌슨이라는 범죄학자의 이론 중에서 '깨진 유리창 이론'이라는 게 있더라고요. 한 장의 깨진 유리처럼 사소해 보이는 무질서를 방치하면 큰 문제가 생긴다는 이론입니다. 사소한 옷차림일 수도 있지만 자기 마음대로 옷을 입는 사람이 늘어나다 보면 공부하는 분위기를 망치게 될 거예요. 그리고 성적을 공개하는 것도 내 실력과 다른 사람의 실력을 비교하면서 자기 수준을 정확히 알 수 있는 건데, 꼭 나쁘게만 봐야 할까요?"

윤태의 말에 지현이가 발끈해서 일어났다.

"그럼 어른들은요? 어른들은 옷을 맘대로 입을 수 있는데, 그렇다고 해서 사회 질서가 무너지고 있나요? 선생님들 중에서도 머리를 염색한 분들이 있지만 그것 때문에 가르치는 능력이 떨어지는 건 아니잖아요. 성적 공개도 마찬가지예요. 선생님들이 교사 임용 시험 점수를 학생들에게 공개하나요? 자신의 실력을 파악하는 건 굳이 성적을 다 공개하지 않아도 스스로 판단하거나 선생님과의 상담으로도 충분히 가능해요. 학생이기 때문에 기본적인 자유를 억압해도 된다고 여기면 안 된다고 생각해요."

"그럼 어느 정도의 통제가 필요하다는 것에는 동의하는 건가요?"

민수의 질문에 지현이는 고개를 가로저었다.

"학교생활에 필요한 규칙을 정하고 지키려고 노력해야 한다는 것에는 동의해요. 하지만 억지로 지키게 하는 건 좀 아닌 것 같아요. 지각한다고 오리걸음을 시키거나 숙제를 안 했다고 체벌을 하는 식으로 강하게 통제하는 건 분명 문제가 있어요. 설사 규칙을 지키지 않았어도 학생들을 함부로 대하면 안 되죠."

"모두가 약속을 잘 지킨다면 누가 벌을 받겠어요? 지키지 않는 사람이 많으니까 억지로라도 규칙을 지키도록 하기 위해 규칙을 지키지 않는 사람에게 벌을 주는 게 아닐까요?"

윤태가 퉁명스럽게 말했다. 이번엔 형식이가 나설 차례였다.

"심리학자인 펜베이커라는 사람이 대학생 화장실의 낙서 금지 경고문을 붙이는 실험을 했는데 '낙서 엄금'이라는 강하게 표현한 경고문보다 '낙서하지 마세요.'라고 부드러운 어조로 쓴 경고문을 붙인 화장실에서 낙서가 훨씬 적었다고 합니다. 강한 통제를 할수록 그것을 어기고 싶은 마음이 더 생긴다는 거죠. 강제적인 벌과 통제가 효과적인 것은 아닙니다."

이번 토론을 위해 누구보다 준비를 많이 한 형식이는 발언 하나하나에 힘이 실려 있었다. 형식이의 말이 끝나자 민수가 고개를 저으며 말했다.

"하지만 학생들은 아직 어리고 경험도 부족해서, 질서와 약속이 무엇인지 배우고 스스로 지킬 수 있으려면 어느 정도 통제는 필요해요. 만약 그냥 부드러운 말만 하고 만다면 스스로 하는 능력이 부족한 학생들은 자기 마음대로 해도 된다고 생각할 거예요."

학생 인권 보장에 찬성하는 팀의 승아가 냉큼 나섰다.

"그렇지 않아요. 학생들도 옳고 그른 것은 잘 판단할 수 있다고요! 학생들도 어른들처럼 스스로 결정하는 능력을 충분히 가지고 있습니다."

"그건 억지입니다!"

"뭐가 억지라는 거죠?"

찬성 팀과 반대 팀의 의견이 분분했다.

"자, 토론이 너무 과열되었네요. 학생들이 자신의 일들을 스스로 결정해야 할지 아니면 어른들이 이끌어 주어야 할지에 대한 논의는 이번 토론의 논점이 아닙니다. 이 주제는 2차 토론에서 좀 더 구체적으로 하면 어떨까요? 이제는 지금까지 나왔던 주장들을 양 팀에서 정리하여 최종 변론을 하면 어떨까 싶습니다."

선생님 말에 아이들은 모두 고개를 끄덕였다. 학생 인권 보장에 반대하는 팀의 윤태가 일어났다.

"학교가 학생들에게 공부를 가르치는 곳이라는 것에는 모두 동의할 거예요. 학교에서 제대로 된 공부 분위기를 만드는 것은 선생님들과 학생들 모두가 지켜야 할 가장 중요한 규칙입니다. 때문에 자신의 자유와 권리를 이야기하기 전에 함께 지켜야 할 규칙을 먼저 생각하고 지키는 것이 필요합니다. 자신의 자유와 권리를 조금씩 양보해서 바람직한 공부 분위기를 만들면 결과적으로 학생 모두에게 좋은 영향을 미칠 테니까요. 그러므로 학교에서는 자유와 인권을 마음껏 누리는 것보다 어느 정도의 통제가 필요하다고 생각합니다."

윤태의 발언이 끝나고 학생 인권 보장에 찬성하는 팀의 지현이가 깊게 심호흡을 한 뒤 최종 변론을 시작했다.

"학교는 자유와 인권, 평화의 가치를 배우는 곳이고, 그런 가치는 강제로 가르친다고 배울 수 있는 게 아닙니다. 개인의 개성을 표현하는 일은 공부 분위기와 상관이 없습니다. 자신을 자유롭게 표현할 수 있는 학교 분위기에서 학생들은 더 많은 것을 배울 수 있습니다. 자유와 인권을 이야기한다고 해서 학교에서 아무렇게나 한다는 뜻은 아니에요. 규칙을 지키게 하는 과정에서 어른들과 달리 학생들에게만 강압적인 통제와 억압을 하는 것이 문제라는 것이죠. 스스로 어른들과 동등한 존재로 존중받은 학생들은 스스로 규칙을 지키려는 마음을 갖게 될 거예요. 그러니까 자유와 인권을 보장하는 것이 통제보다 우선시돼야 합니다."

선생님은 모든 토론이 끝나고 정리 발언을 했다.

"여러분의 주장을 들으면서 학교는 과연 어떤 곳이어야 하는지에 대해 다시 생각하게 되었습니다. 선생님이나 학생 모두 서로의 인권을 존중하고 공부에 흥미를 느끼며 성장할 수 있는 학교가 정말 우리 모두가 바라는 학교 아닐까요? 여러분처럼 함께 고민을 나눌 수 있는 학생들이 많아진다면 학교는 더 행복한 공간이 될 것 같습니다."

아이들은 서로의 얼굴을 바라보며 뿌듯한 미소를 지었다.

쟁점 2.
스스로 결정할 수 있어 vs 아직 우리는 미숙해

드디어 2차 토론 시간이 돌아왔다. 지현이는 일주일간 두 번째 논쟁거리를 준비했다. 그동안 지현이네 반의 생활 규칙 동의서는 잠시 중단되었다. 몇몇 부모님들이 학생과 학부모에게 충분한 설명을 하는 과정 없이 만들어진 동의서에 대한 문제 제기를 했고, 담임 선생님이 그것을 받아들였기 때문이었다.

동의서를 억지로 쓸 일은 없었지만 지현이는 기분이 좋지만은 않았다. 학생들의 항의는 무시했던 선생님이, 부모님 몇 분의 항의에 바로 동의서를 중단했기 때문이었다. 동의서 내용도 처음부터 학생들의 동의는 쏙 빼

버리고 부모님들의 동의만 묻는 것도 화가 났다.

'무조건 어른들이 하라는 대로 따르란 말이야, 뭐야.'

지현이는 무거운 마음으로 토론반을 향했다. 이번 토론의 논쟁거리는 1차 토론과 이어지는 내용이라서 토론 팀을 그대로 이어 가기로 했다.

양 팀 아이들이 속속 자리에 앉자 곧이어 2차 토론이 시작되었다.

"지금부터 '학생 인권, 어디까지 보장해야 할까?'라는 주제로 2차 토론을 진행하겠습니다. 2차 토론의 논쟁거리는 학생들이 자신의 일을 스스로 결정하는 것이 옳은지, 아니면 학생들은 아직 미숙하니 어른들의 결정에 따르는 것이 옳은지에 대한 논의입니다. 그럼 먼저 준비된 팀부터 발언을 시작하세요."

선생님의 말이 끝나자, 동찬이가 일어나서 주장을 펼치기 시작했다.

"학생들은 나이도 어리고 경험도 부족합니다. 학교에서 공부하는 것도 이러한 부족한 부분을 채우기 위해서입니다. 학생들이 자신의 생각과 판단만으로 모든 것을 결정하게 된다면 분명 위험한 선택을 하거나 어려움에 처할 수 있어요. 어른이 될 때까지는 어른들의 보살핌과 판단 속에서 성장하는 것이 맞다고 생각합니다."

동찬이의 말이 끝나자 논리적인 형식이가 자신 있는 표정으로 준비해 온 발언을 시작했다.

"다른 사람의 간섭 없이 스스로 결정할 수 있는 권리를 '자기 결정권'이라고 합니다. 지금까지 학생들은 자기 결정권을 제대로 보장받지 못했어요. 하지만 자기 결정권은 대한민국 헌법 10조에도 명시되어 있는 인간의

> ### 청소년의 자기 결정권
> 청소년의 자기 결정권은 국가 권력의 간섭뿐 아니라 학교와 가정에서 청소년에 대한 부당한 간섭을 받지 않고 자신과 관련된 일을 스스로 결정할 수 있는 권리를 말한다. 청소년이 성인에 비해 능력이 부족해서 권리를 제한해야 한다는 주장도 있으나, 최근에는 이러한 권리 제한에 대한 과학적 근거를 찾기 어렵다는 의견들이 많다. 청소년의 자기 결정권은 청소년의 발달 정도, 시대의 변화, 사안에 따른 다양한 접근이 필요하다는 주장이 힘을 얻고 있다.

기본적인 권리입니다. 이렇게 헌법에서도 자기 결정권을 보장하는 이유는 무엇 때문일까요? 자기 자신에 대한 결정은 전적으로 개인에게 달려 있기 때문입니다. 어리고 미숙하다는 이유로 스스로 결정을 내리지 못하면 어른이 되어서도 올바른 결정을 내리기 힘듭니다. 스스로 판단하고 책임지는 사람으로 성장하기 위해서도, 학생들의 자기 결정권은 반드시 보장되어야 한다고 생각합니다."

형식이의 발언이 끝나자 선생님이 입을 열었다.

"두 팀의 주장을 정리해 보면 동찬이는 학생들이 아직 어리고 경험이 부족하기 때문에 스스로 결정하고 판단하는 능력이 키워질 때까지 어른들의 결정과 판단에 따르는 것이 옳다고 주장했고, 형식이는 자기 결정권은 인간의 기본적 권리이며 스스로 결정하고 책임지는 것을 경험하지 못한 학생은 나중에 제대로 된 결정을 내릴 수 있는 어른이 될 수 없다고 주장했습니다. 이제 양 팀의 주장에 대해 반론을 진행해 볼까요?"

선생님이 흥미진진하다는 듯이 팔짱을 끼며 말을 마쳤다. 호기심 많고 자기주장이 강한 동찬이가 굳은 표정으로 반론을 시작했다.

"자기 결정권이 중요한 권리라는 것은 인정해요. 하지만 생명이나 안전을 위협하는 상황에서도 자기 결정권을 보장해야 하는 것일까요? 예를 들어 담배나 술은 어른이 아니면 판매하지 않습니다. 그 이유는 술과 담배가 성장기의 학생들에게 훨씬 위험하기 때문이에요. 또 학생들은 어른들보다 유혹에 빠지기도 쉽고요. 위험한 행동과 잘못된 판단을 하는 학생들에게, 자기 결정권을 보장해야 한다는 이유로 뭐든지 할 수 있는 자유를 준다는 게 옳은 일일까요? 모든 것을 직접 경험해서 배울 필요는

없습니다. 스스로 결정하고 위험에 처하는 것보다 어른들의 지혜를 빌리는 게 더 좋은 방법 아닐까요?"

동찬이의 말이 끝나자마자 승아가 일어나 반론을 폈다. 말투는 차분하고 조용했지만, 누구보다 자신의 주장에 확신이 있는 듯했다.

"음……. 동찬이는 자기 결정권을 잘못 이해하고 있는 것 같아요. 학생의 자기 결정권을 보장해야 한다는 건 술이나 담배처럼 건강에 해로운 것도 자기 마음대로 할 수 있도록 하자는 게 아니에요. 내 장래 희망은 무엇으로 할지, 어떤 방법으로 공부를 할지, 어떤 친구를 사귈지, 모임에 가입할지 탈퇴할지, 학원에 다닐지 그만둘지, 가족 여행에 따라갈지 말지 하는 것들이죠. 그런데 지금까지 이런 것들은 부모님이나 선생님에 의해 결정되는 경우가 많았어요. 학생들이 스스로 결정할 수 있는 많은 것들을 '너희는 아직 어리니까.'라며 막고 있는 건 아닐까요?"

승아의 말에 반대 팀의 윤태가 일어섰다. 손에는 인터넷 기사를 인쇄한 종이가 들려 있었다.

"여러분 모두 셧다운제에 대해 잘 알고 있을 거예요. 청소년들의 게임 중독을 막기 위해 밤 12시가 되면 만 16세 미만의 청소년들은 게임 사이트에 접속할 수 없도록 막는 법이었지요. 게임을 좋아하는 청소년들과 일부 학부모들은 이에 크게 반발했지만, 2014년 셧다운제는 헌법 정신에 어긋나지 않는 법이라는 판결을 받았습니다. 게임 중독을 막기 위해 국가의 통제가 필요하다는 걸 사회적으로 인정한 거죠. 이후 셧다운제는 2021년 8월 25일 폐지되었지만, 이 결정에 대해 많은 사람이 우려의 목소리를 내고 있습니다. 게임과 인터넷 등에 어른들보다 청소년들이 더 쉽게 중독될 수 있기 때문입니다. 여성가족부는 2021년 3월 청소년 인터넷 스마트폰 이용 습관 진단 조사 결과를 공개했는데 인터넷과 스마트폰에 하나 이상 중독 위험이 있는 청소년들은 228,891명이나 되었습니다. 이처럼 청소년에게 안 좋은 영향을 끼치는 것들을 학생들의 자기 결정권 때문에 방치한다면 인터넷 중독에 빠지는 학생들은 누가 책임지나요?"

> **셧다운제 폐지**
>
> 인터넷 게임 회사와 학부모 등이 청소년도 게임을 할 권리, 평등권, 부모의 교육권 침해 등을 이유로 셧다운제 폐지를 요구해 왔다. 그리고 이후 2021년이 되어서야 12시 이후에 16세 미만 청소년들의 인터넷 게임 접속을 막는 '셧다운제'를 폐지하였다. 이제는 부모 또는 법정 대리인이 요청하면 원하는 시간대로 이용 시간을 선택할 수 있는 '시간 선택 제도'로 운용된다.

윤태의 발언이 끝나자 제한 없는 인권 보장에 찬성하는 팀의 형식이가 기다렸다는 듯이 발끈하며 일어났다.

"윤태가 뭘 모르나 본데, 게임 중독이나 인터넷 중독 해결에 대한 전문가들의 입장은 달라요. 게임 중독, 인터넷 중독 치료에서 가장 중요한 것은 개인이 스스로를 통제할 수 있는 능력을 길러 주는 것이라고 해요. 자기 통제력은 외부에서 강제로 막는다고 길러지지 않거든요. 스스로 게임을 하고 싶은 시간을 정하고, 스스로 그만둘 수 있도록 도와줄 때 길러지는 것이죠. 학생들이 자기 통제력을 기른다면, 국가가 강제로 막지 않아도 게임 중독과 인터넷 중독 문제는 해결될 수 있을 거예요."

형식이의 말에 양 팀 아이들의 목소리가 높아졌다.

"게임 중독 문제가 그렇게 쉽게 해결될까요?"

선생님이 잠시 토론을 정리했다.

"각 팀이 좀 더 활발한 토론을 하기 위해 논점을 정리해 보면 어떨까요? 지금 이야기를 들어 봐선 술과 담배를 마음대로 하는 것을 자기 결정권으로 생각하는 팀은 없는 것 같아요. 그렇다면 여러분은 학생들이 스스로 결정해야 할 수 있는 것과 부모님이나 선생님이 결정해야 하는 것에 어떤 것이 있다고 생각하나요? 팀별로 이야기를 나눈 후 최종 변론에서 적절한 답변을 해 주기를 바랍니다."

지현이는 같은 팀 친구들과 이야기를 나눠 보았다. 이야기를 나누면서 지현이는 이번 토론 주제가 점점 더 흥미롭게 느껴졌다. 사실 지현이는 지금껏 부모님이나 선생님이 결정하는 것과 내 스스로 결정해야 되는 것에 대해 생각해 본 적이 없었다. 팀별로 이야기가 끝난 후, 학생의 자기 결정권을 제한해야 한다는 팀의 윤태가 먼저 발언에 나섰다.

"우리가 의사의 진단을 받고 약사의 처방을 받는 이유는 무엇일까요? 그들이 병에 대한 전문가이기 때문입니다. 그렇다면 교육의 전문가는 누구일까요? 바로 선생님입니다. 저희 팀은 학교에서만큼은 학생들은 선생님의 결정과 판단을 따라야 한다고 생각합니다. 집에서는 어떨까요? 기본적으로 부모님의 결정을 따라야죠. 물론 어른들이 내가 원하는 것과 다른 결정을 내릴 수도 있습니다. 하지만 부모님이나 선생님의 판단은 우리보다 더 많은 경험 속에서 나온 것이기 때문에 존중해야 합니다. 그런 의미에서 저희 팀은 학생들 스스로가 부족함을 인정하고 어른들의 말에 귀를 기울여야 한다고 생각합니다."

윤태의 최종 변론이 끝난 후에 학생의 자기 결정권을 보장해야 한다는 팀의 지현이 차례가 돌아왔다. 지현이는 천천히 입을 열었다.

"우리가 스스로 결정해도 되는 것은 어떤 것일까요? 윤태는 부모님과 선생님들의 판단을 먼저 따라야 한다고 이야기했지만, 저희 팀 생각은 다릅니다. 우리는 어른들보다 경험이 부족하기 때문에 실수를 할 수도 있습니다. 하지만 그 실수가 다른 사람에게 피해를 주는 것이 아니라면 그 실수도 중요한 배움이라고 생각합니다. 사람들이 중요한 결정을 할 때 신중해지는 건 실수를 경험했기 때문이잖아요? 그렇다고 어른들의 생각을 모두 무시하겠다는 건 아니에요. 어른들의 이야기도 귀담아들어야죠. 하지만 그것은 하나의 의견과 결정을 위해 필요한 정보이지 무조건 따라야 하는 정답은 아니에요. 그러므로 저희 팀은 학생들이 모든 결정을 스스로 해야 그에 따른 책임감도 가질 수 있다고 생각합니다."

지현이는 상기된 표정으로 말을 마친 뒤 자리에 앉았다. 선생님은 두 팀의 최종 변론을 다시 생각하는 듯 잠시 생각에 잠긴 후 말문을 열었다.

"자기 결정권에 대한 두 팀의 생각을 잘 들었습니다. 사실 우리나라 법에서 일반적인 자기 결정권을 누릴 수 있도록 보장한 나이는 만 19세입니다. 하지만 학생 인권에 대한 논의가 커지면서 학생들의 자기 결정권에 대한 목소리가 더 커지고 있고, 이에 따라 자기 결정권에 대한 여러 가지 이야기들이 계속되고 있습니다. 분명한 것은 어린이와 청소년들을 어른들의 소유물로 여기고 함부로 대해서는 안 된다는 점입니다. 어린이와 청소년을 존중하는 것은 그들의 생각과 목소리를 함부로 취급하지 않는 것에서 시작할 것입니다. 양 팀의 의견이 서로 다르다고 해서 함부로 비난하거나 무시하지 않고 토론을 해야 하는 것처럼 말이죠."

 2차 토론을 마치고 지현이는 반 아이들과 교내 규칙에 대한 아이들의 목소리를 담을 수 있는 설문을 먼저 시작하겠다고 다짐했다. 어른들의 생각과 판단만큼 우리들의 생각과 판단도 소중하다는 것을 이번 토론을 통해 더욱 느끼게 되었기 때문이다.

쟁점 3.
더 많은 참여 vs 더 많은 보호

 '학생 인권, 어디까지 보장해야 할까?'라는 주제 토론의 마지막 시간이 돌아왔다. 지현이와 친구들은 토론을 해 나가면서 자연스럽게 학생 인권 조례 내용을 공부하게 되었다. 그 과정에서 인권의 여러 가지 항목들을 살펴볼 수 있었는데, 그 주요 내용은 주로 학생을 인권 침해에서 보호하는 내용들과 학생의 참여를 보장하는 내용들이었다. 이것은 유엔 아동 권리 협약도 마찬가지였다. 아이들이 한자리에 모이자, 질문하기를 좋아하는 동찬이가 한 가지 질문을 했다.

"그런데 학생 인권 침해 문제에서 학생을 보호하는 것과 학생들의 참여를 보장하는 것 중 어느 것을 더 우선시해야 할까?"

"당연히 인권 침해로부터 보호하는 게 더 중요하지 않을까?"

형식이의 말에 승아는 고개를 가로저었다.

"난 참여가 훨씬 중요하다고 생각해. 학생들이 스스로 참여해야 제대로 된 인권을 보장받을 수 있을 테니까."

"에이, 그래도 인권 침해를 당하는 학생들을 보호하는 게 먼저지."

동찬이가 당연하다는 듯 말했다. 하지만 윤태의 의견은 달랐다.

"더 많은 참여가 보장될수록 학생들의 인권 침해도 줄어들 거야."

2차 토론에서 서로 같은 팀이었던 친구들도 이번 주제에서는 서로 의견이 달랐다.

"어때, 3차 토론 마지막 논쟁거리를 이걸로 해 보는 게. '학생 인권, 더 많은 참여가 우선이다.' 아니면 '더 많은 보호가 우선이다.'로 말이야."

아이들은 모두 입을 모아 찬성했다. 1, 2차 토론 때와 마찬가지로 지현, 승아, 형식은 '더 많은 보호가 우선'이라는 팀에, 민수, 윤태, 동찬은 '더 많은 참여가 우선'이라는 팀에 속했다.

"마지막 논쟁거리는 '학생 인권 침해, 보호가 우선일까? 학생의 참여를 보장하는 것이 우선일까?'라는 주제입니다. 지금까지 잘해 온 것처럼 마지막 3차 토론에서도 좋은 토론을 보여 주길 바랍니다. 그럼 양 팀 주장을 발표해 주세요."

선생님의 말이 끝나자, '인권 보호가 우선' 팀의 형식이가 일어나서 주장을 발표했다.

"우리나라의 학생 인권 침해는 여전히 심각합니다. 선생님에 의한 가혹한 체벌 사건, 성폭력 사건, 개인 정보 노출로 인한 피해뿐만 아니라 학교 폭력이나 왕따 문제 등도 큰 문제가 아닐 수 없습니다. 또한 학생들은 어리다는 이유로 가정에서도 학대나 폭력으로 인권을 침해당합니다. 학생들은 이렇게 학교나 가정에서 인권을 침해당하는 피해자입니다. 장애를 가진 학생이나 다문화 가정 학생들은 그 문제가 더 심각하고요. 이런 현실에서 가장 우선시해야 할 것은 학생들의 인권 보호입니다."

형식이의 발언이 끝나자 상대 팀의 윤태가 입을 열었다.

"학생들이 학교나 가정에서 인권 침해의 피해자인 것은 맞습니다. 그리고 인권 침해를 당하는 학생들의 보호가 시급한 것도 사실입니다. 하지만 학생들 스스로가 자신의 인권 문제에 목소리를 높이지 않는다면 학생 인권 문제는 근본적으로 해결될 수 없을 거예요. 그래서 저희 팀은 학교나 가정에서 학생들이 스스로 인권에 관심을 갖고 자기 권리를 지키도록 노력해야만 학생 인권 문제가 근본적으로 해결될 수 있다고 생각합니다. 그래서 저희 팀은 학생 인권 보장에서 가장 중요한 것은 학생의 참여를 보장하는 것이라고 생각합니다."

양 팀의 첫 번째 주장이 모두 끝나자 선생님이 주장을 정리했다.

"두 팀의 주장을 잘 들었습니다. 학생들의 인권 침해가 심각하기 때문

에 학생들의 인권 보호가 우선되어야 한다는 주장과, 스스로의 인권을 지키기 위한 참여 활동이 많아질수록 학생 인권 침해의 근본적인 해결이 가능하다는 주장이었습니다. 양 팀은 생각을 잘 정리해 보고 반론을 준비하기 바랍니다."

지현이는 이번에도 이곳저곳에서 여러 가지 자료를 가지고 왔는지 도표를 보여 주며 이야기를 시작했다.

"2020년 전라북도 학생 인권 실태 조사 보고서에 따르면 학교에서 차별을 받았다고는 응답한 학생은 조사에 참여한 전체 학생의 12퍼센트

> **2020년 전라북도 교육청 학생 인권 침해 실태 조사**
>
> 2020년 8월부터 2020년 9월까지 지역 학생들을 14,591명을 대상으로 학생 인권 침해 실태 조사를 한 결과 학교에서 차별받은 경험이 11.7퍼센트, 체벌 경험이 13.1퍼센트, 욕설과 폭언이 16.4퍼센트였으며 '학교에서 학생들의 인권을 보호하기 위해 노력하지 않는다.'에 응답한 학생들은 27.4퍼센트에 달했다.

나 되었고, 학교에서 체벌을 받았다는 학생들은 전체 학생의 12퍼센트, 폭언이나 욕설을 들은 학생은 14.6퍼센트에 달합니다. 이것은 여전히 학생들이 학교에서 여러 인권 침해 상황에 노출되어 있다는 것을 의미하며, 학생들의 인권 보호가 먼저 되어야 한다는 것을 증명하고 있습니다."

지현이의 주장이 끝나자 민수가 일어나서 반론을 폈다.

"체벌 문제는 학생들에게도 민감한 주제입니다. 하지만 학생 참여에 대해서 잘 알고 있는 학생들은 많지 않습니다. 학교에서 교칙을 정할 때 학생들이 참여할 방법이 별로 없기 때문입니다. 전교 어린이 회의나 학급 회의도 선생님이 제시한 주제를 가지고 형식적으로 할 뿐이잖아요? 교칙이나 학교 운영에 대해 학생들이 직접 목소리를 낼 수 있는 경우도 거의 없고요. 그래서 같은 인권 실태 보고서에 나온 학생 참여 경험에 대한 설문 조사를 보면, 자신이 원하는 학교 행사나 활동에 적극적으로 참여할 수 있다고 응답한 초등학생들은 전체 32퍼센트밖에 안 됩니다. 51.6퍼센트의 학생들은 아예 참여할 수 있다는 것조차 모른다는 결과가 나왔습니다. 이게 바로 학생들이 더 많이 참여할 수 있는 기회가 필요하다는 것을 보여 주는 결과 아닐까요?"

민수의 자료 조사도 지현이 못지않았다. 토론반 아이들은 다들 놀란 눈치였다.

"하지만 현실에서 드러나는 인권 침해 사례가 많다는 건 인권 보호가 시급하다는 걸 말하는 게 아닐까요?"

승아의 갑작스러운 질문에 형식이가 고개를 저었다.

"눈에 보이는 침해만 중요한 게 아닙니다. 학생 참여가 인권의 문제인지조차 모르고 있다면 참여를 더 우선해야 합니다."

선생님은 양 팀의 반론이 끝나자 양 팀에 각각 질문을 했다.

"두 팀의 반론을 잘 들었습니다. 그럼 두 팀에게 물어볼게요. 학생들이 피부로 느끼는 학생 인권 침해가 심각하고 그에 따른 학생 인권 보호가 더 우선되어야 한다면, 학생 인권 침해를 예방하기 위해서는 어떻게 해야 할까요? 또 학생 참여가 필요하다고 하지만 사실 학교에서 학생들이 참여할 수 있는 방법이 어떤 것이 있는지에 대해 구체적인 설명이 없다면 학생 참여에 대한 설득이 어려울 듯합니다. 학교에서 학생이 참여할 수 있는 방법으로는 어떤 것이 있을까요? 충분히 토의하고 선생님의 질문에 대한 답변을 최종 변론에서 함께 제시해 주기 바랍니다."

선생님의 질문에 양 팀의 아이들은 오랫동안 회의를 했다. 한참 동안의 토의가 끝나고 학생 인권 침해 문제에서 더 많은 보호가 우선이라고 주장하는 팀의 지현이가 먼저 일어나서 최종 변론을 했다.

"저희 팀은 학생 인권 침해를 예방하기 위해서는 학교 내에 신고 센터가 있어야 한다고 생각합니다. 학교 폭력이나 체벌 같은 문제를 바로 신고할 수 있으면 학생들도 문제가 더 커지기 전에 빨리 해결할 수 있을 것입니다. 그리고 학생 인권과 관련된 교육을 학생과 선생님 모두가 받을 수 있어야 합니다. 학생 인권 조례에 보면 인권 교육을 꼭 받도록 하는 내용이 있지만 실제로 학교에서는 제대로 지켜지지 않고 있습니다. 어떤 것이 인권이고 학교에서의 인권 침해가 어떤 것이 있으며, 문제가 생겼을 때 어디에 도움을 청하면 우리를 보호해 줄 수 있는지 알려 주는 교육이 필요합니다. 학생들이 더 많이 참여하는 방법으로는 좀 더 효과적인 인권 침해 신고 방법 등에 대해 의견을 묻거나, 학교 안에서 발생하는 인권 문제에 대해 설문 조사를 하는 것 등이 있습니다. 저희 팀은 결국 학생 보호 수단이 갖춰져야 학생 참여도 가능하다고 생각합니다."

지현이의 최종 변론이 모두 끝나자 더 많은 참여가 우선이라고 주장하는 팀의 동찬이가 일어나서 최종 변론을 시작했다.

"저희 팀은 체벌이나 학교 폭력 같은 문제가 일어나지 않도록 하기 위해 학교가 인권을 존중하는 문화를 가지고 있어야 한다고 생각합니다. 그러기 위해서는 선생님들이 학생들의 목소리에 귀 기울일 수 있고 학교의 주인으로 존중해 주는 것이 필요하다고 생각합니다. 학교 폭력 문제도 전교 어린이회와 학생회가 직접 나서서 학교 폭력을 몰아내는 데 앞장

선다면 지금과 같은 상황이 반복되진 않을 거예요. 그러기 위해선 학생들의 참여가 꼭 필요합니다. 학생들과 관련된 교칙을 만들 때, 그리고 학교 행사를 계획할 때 학생들의 의견을 적극적으로 반영할 수 있어야 하고, 전교 어린이회나 학생회가 스스로 자유롭게 활동할 수 있도록 보장해 주어야 합니다. 학기 초에 전교 어린이회가 학생들의 의견을 모아서 교장 선생님과 면담을 하는 것도 좋을 것 같고요. 이렇게 더 많은 참여가 보장되어야 학생 인권이 제대로 보장받을 수 있다고 생각합니다."

 지현이와 동찬이의 최종 발언이 모두 끝나자 양 팀 모두 흡족한 표정을 지었다. 어느 팀이 옳다 그르다를 논하기 전에 두 팀이 발표한 내용대로 한다면 학교가 지금보다 훨씬 좋아질 것 같았기 때문이다.

"양 팀의 최종 변론을 잘 들었습니다. 마지막 토론까지 진지하게 의견을 제시하고 주장을 펴는 모습이 정말 보기 좋았어요. 사실 학생 인권에서 인권 침해를 예방하고 학생들의 인권 보호를 위해 노력해야 하는 것과, 학생들이 스스로 힘을 기를 수 있도록 여러 가지 참여를 보장하는 것은 어느 것 하나 소홀히 다루어서는 안 되는 부분입니다. 그래서 유엔 아동 권리 협약에서도 보호권과 참여권을 중요한 4가지 기본 권리_{참여권, 발달권, 보호권, 생존권} 중 하나로 제시하고 있답니다. 어느 하나라도 소홀히 하지 않고 마음껏 누릴 수 있는 학교라면 정말 행복하고 신나는 학교가 되지 않을까요?"

선생님의 말에 지현이와 친구들은 힘차게 고개를 끄덕였다. 이번 토론 주제를 준비하고 서로 이야기를 하면서 지현이는 학생 인권이 얼마나 중요한지 새삼 느끼게 되었다. 그리고 내일 담임 선생님에게 설문 내용을 보여 드리고 학급 규칙을 학생들의 참여로 정할 수 있는 학급 회의를 열 것을 제안해 보겠다고 마음먹었다. 처음이라 쉽진 않겠지만 학생들 스스로의 목소리로 학급 규칙을 만들어 보고 싶어졌기 때문이다.

함께 정리해 보기
학생 인권을 둘러싼 쟁점

'학생 인권 보장' 찬성 팀	논쟁이 되는 문제	'학생 인권 보장' 반대 팀
인권은 사람이면 누구나 누려야 할 권리이므로 학생이라는 이유로 학생들의 인권을 제한하면 안 된다.	공부를 위해 학생 인권을 제한해도 될까?	학생의 본분은 공부인 만큼 공부를 잘할 수 있는 분위기를 만들기 위해 어느 정도의 통제는 필요하다.
자기 결정권은 헌법에서도 보장하는 기본적인 권리이므로 어리다고 해서 스스로 결정하는 권리를 누리지 못해선 안 된다.	학생들의 자기 결정권을 어디까지 보장해야 할까?	학생들은 나이도 어리고 경험도 부족하기 때문에 자신의 생각과 판단으로 모든 것을 결정하는 것보다는 어른들의 판단에 기대는 게 옳다.
학생들도 어른들과 같은 입장에서 학교 일에 참여할 수 있어야 학생들의 인권이 향상된다.	더 많은 참여와 보호 중 어느 것이 더 중요할까?	학생 인권에서 가장 중요한 것은 보호이며, 이는 학생들이 인권 침해의 피해자가 될 수 있기 때문이다.

3장

사형 제도는 인권 침해일까?

3장에서 다루는 사형 제도는 인권 문제에서 빼놓을 수 없는 주제입니다. 현재 우리나라는 사형 제도를 유지하고 있으나, 실제로 사형을 집행하지는 않고 있습니다. 사형 제도에 찬성하는 사람들은 범죄 예방 효과가 있다고 주장하지만, 사형 제도에 반대하는 사람들은 범죄 예방 효과가 없고 오히려 죄를 뉘우칠 기회를 박탈하는 제도라 주장합니다. 죄의 대가로 생명을 요구하는 사형 제도는 타당한 것일까요? 사형 제도의 필요성과 폐지되어야 하는 이유 등에 대한 팽팽한 논쟁이 펼쳐집니다. 이번 토론을 통해 생명의 가치에 대해 생각해 보기를 바랍니다.

'사형 제도' 찬성 팀

지현 민수 형식

우리는 사형 제도에 찬성하는 팀이야. 첫째, 사형 제도는 범죄 예방에 큰 효과가 있어. 사형이라는 강력한 벌을 주면 흉악한 범죄가 발생하는 것을 미리 예방할 수 있기 때문이야. 둘째, 사형 제도는 흉악한 범죄자들을 사회에서 영원히 격리시킬 수 있다는 면에서 폐지되면 안 돼. 또 다른 범죄를 계속 저지를 수 있는 흉악한 범죄자들로부터 국민을 보호하려면 사형 제도가 있어야 해. 마지막으로 다른 사람들의 생명을 함부로 빼앗은 범죄자들에게 사형을 구형하는 것은 생명을 빼앗은 죄에 대한 정당한 대가를 치르게 하는 것이라고 생각해.

'사형 제도' 반대 팀

윤태　승아　동찬

우리는 사형 제도가 폐지되어야 한다고 주장하는 팀이야. 첫째, 사형 제도는 범죄 예방에 큰 효과가 없어. 사형 제도를 폐지한 나라들의 범죄율이 오히려 낮은 것을 봐도 알 수 있지. 둘째, 범죄자들이 죄를 참회하고 새 삶을 살 기회를 박탈하는 것은 잘못이야. 사형 제도보다는 더 효과적인 벌을 통해 스스로 잘못을 깨닫고 새 삶을 살 수 있도록 도와야 해. 마지막으로 범죄를 저지른 사람이라도 그 사람의 생명은 소중해. 큰 잘못을 저질렀다 해도 그 사람의 생명을 빼앗을 권리는 누구에게도 없어.

사형 제도는 인권 침해일까?

어느 날 저녁. 윤태는 학원 수업을 마치고 집에 와서 텔레비전을 보고 있었다. 재미있는 프로그램이 없나 하며 채널을 돌리던 찰나, 〈세상에 이런 일도!〉라는 프로그램에 눈길이 갔다.

"지친 모습의 노인이 교도소 밖으로 나옵니다. 일가족 방화 살인 사건의 범인으로 지목돼 서른 살에 감옥에 갔다가 48년 만에 풀려난 하카마다 씨입니다. 앞날이 창창한 권투 선수였던 그는, 사건 발생 직후 체포됐을 때부터 자신이 한 짓이 아니라고 주장했습니다. 하지만 본인의 혈흔이 묻은 다섯 벌의 옷이 결정적 증거로 인정되어서 사형이 확정되었습니다. 그는 자신의 혈흔이 아니라며 DNA 검사로 계속 무죄를 주장했습니다. 재판부는 처음에는 그의 주장을 기각했지만, 나중에는 인정할 수밖에 없

었습니다. 일본에서 살인 사건의 범인으로 최종 확정된 뒤, DNA 검사로 판결이 뒤집힌 사건은 2005년 이후 벌써 네 번째입니다."

텔레비전에 비치는 하카마다 씨의 표정에는 50년 가까운 세월의 억울함이 배어 있는 듯했다.

'48년 만에 무죄로 풀려나다니! 진짜 억울했겠다……. 만약 사형이 집행된 뒤에 진실이 밝혀지면 그땐 그 억울함을 누가 풀어 주지?'

윤태는 〈세상에 이런 일도!〉를 보고 난 뒤로 사형 제도에 대해 관심이 생겼다. 평소 궁금한 건 인터넷이나 책을 통해 찾는 걸 좋아하는지라 여러 가지 자료를 찾아보면서 사형 제도에 대한 자신의 의견을 정리할 수 있었다.

"그래, 우리 다음 토론 주제는 사형 제도로 하자고 해야겠어."

다음 날 윤태는 아이들에게 텔레비전에서 본 내용을 알려 주었다.

"와, 대박! 그 할아버지 정말 억울했겠다."

동찬이가 윤태의 말에 놀란 듯 눈을 동그랗게 뜨며 말했다.

"진짜 완전 어이없지? 그래서 말인데, 다음 토론 시간엔 사형 제도를 가지고 이야기해 보면 어떨까?"

"사형 제도라……. 그럼 토론 주제를 어떻게 잡을 건데?"

의심 많고 신중한 형식이가 팔짱을 끼며 물었다.

"음……. 일단 '사형 제도는 인권 침해일까?'로 시작해 보는 거야. 너희 생각은 어때?"

윤태의 순발력 있는 말에 다른 아이들도 고개를 끄덕였다.

"좋아! 나는 사형 제도가 인권 침해라고 생각해. 그 할아버지처럼 억울한 경우가 얼마든지 생겨날 수 있잖아."

동찬이의 말에 지현이가 고개를 가로저었다.

"하지만 모든 일이 그렇게 잘못 판결되는 건 아니잖아. 아동 성폭행범이나 연쇄 살인마 같은 범죄자들은 사형을 당해야 마땅하지 않을까?"

"사형을 당해야 마땅한 사람이 어디 있어? 죄는 미워하되, 사람은 미워하지 말라는 말도 있잖아. 사형 제도는 너무 끔찍한 것 같아."

마음이 여리고 동정심이 많은 승아다운 발언이었다.

"사형 제도는 죄가 아주 무거운 사람을 사회에서 영원히 격리시키는 거야. 생명을 뺏는다는 게 좀 그렇지만 난 충분히 필요한 제도라고 생각해. 다른 사람의 생명을 함부로 빼앗은 사람들은 중죄로 다스리는 게 당연한 거니까."

형식이는 사형 제도를 찬성하는 입장이었다.

"좋아. 그럼 사형 제도가 인권 침해라고 생각하는 팀과 사형 제도가 필요하다고 생각하는 팀으로 나눠 보자."

윤태의 말에 아이들은 토론 팀을 나누었다. 윤태와 승아, 동찬이는 사형 제도가 인권 침해이므로 폐지해야 한다는 팀에 속했다. 반면 사형 제도가 필요하다고 생각하는 팀은 형식이와 지현이, 그리고 민수가 함께 하기로 했다.

윤태는 선생님에게 친구들과 정한 토론 내용에 대해 말했다. 선생님은 고개를 끄덕였다.

"좋아요. 그럼 첫 번째 논쟁거리는 어떤 게 좋을까요? 우선 여러분은 사형 제도가 왜 존재한다고 생각하나요?"

선생님의 질문에 민수가 손을 들고 말했다.

"그거야 흉악한 범죄를 저지르지 않게 하기 위해서 사형같이 엄중한 벌을 만든 거 아닌가요?"

"하지만 사형 제도가 있다고 범죄가 줄어들고 흉악 범죄가 일어나지 않는 건 아니야."

승아가 민수의 말에 반대하며 말했다.

"그래도 확실히 범죄 예방 효과는 있을걸?"

"말도 안 돼. 큰 예방 효과는 없을 거야."

아이들의 이야기가 길어지자 선생님은 잠시 서로의 말을 멈추게 한 후 말을 이어 나갔다.

"좋아요. 그럼 이번 1차 토론에서는 사형 제도의 범죄 예방 효과에 대해서 논쟁을 해 보도록 하죠. 다들 찬성하나요?"

"네 좋아요!"

아이들이 모두 힘차게 대답했다. 양 팀 아이들은 각자 맡을 역할을 짜고 자료 조사할 것들을 정했다. 윤태는 다음 토론 수업이 기다려졌다.

쟁점 1.

범죄 예방 효과가 있어 vs 범죄 예방 효과가 없어

1차 토론 시간이 돌아왔다. 사형 제도를 반대하는 윤태 팀과 사형 제도를 찬성하는 형식이네 팀은 첫 토론인 만큼 여러 가지 준비를 해 왔다. 아이들이 모두 자리에 앉자, 선생님의 설명과 함께 1차 토론이 시작되었다.

"이번 토론의 주제는 '사형 제도는 인권 침해인가?'입니다. 현재 사형 제도가 있는 나라도 있고, 사형 제도를 폐지한 나라도 있습니다. 우리나라에는 사형 제도가 존재하지만, 1997년 이후에 실제로 사형이 집행된 사례는 없습니다. 그만큼 사형 제도는 여러 가지 논란이 있는 제도입니다. 이번 1차 토론의 논쟁거리는 '사형 제도가 범죄 예방에 효과가 있는가?' 하는 것입니다. 양 팀 모두 토론할 준비가 다 됐나요?"

선생님의 물음에 아이들은 고개를 끄덕였다. 사형 제도에 반대하는 팀의 승아가 먼저 발언을 시작했다.

"저희 팀은 사형 제도가 범죄 예방에 효과가 없다고 생각합니다. 우리나라에서 사형 제도가 폐지된 적은 한 번도 없지만, 살인 같은 흉악 범죄가 줄어들고 있지 않은 걸 보면 알 수 있습니다. 실제로 범죄 전문가들은 사람들이 범죄를 저지른 후에야 벌을 받을 것을 두려워하기 시작한다고 합니다. 즉 벌이 두려워서 범죄를 저지르지 않게 되는 경우는 매우 드물다는 말입니다. 그런 면에서 사형 제도는 범죄 예방에 효과가 거의 없다고 생각합니다."

승아의 발언이 끝나자 사형 제도에 찬성하는 팀의 민수가 여유 있는 자세로 발표를 시작했다.

"저희 팀은 사형 제도가 범죄 예방에 효과가 있다고 생각합니다. 우리나라는 선생님이 말씀하신 것처럼 1997년 이후로 실제 사형을 집행하고 있지 않습니다. 그런데 1998년부터 10년 동안의 기록을 살펴보니 우리나라의 살인 사건 발생 건수가 16퍼센트나 더 늘어났습니다. 이것이 바로 사형 제도가 실시되지 않자 살인 같은 흉악 범죄가 늘어났다는 증거 아닐까요? 흉악 범죄 예방에는 강력한 벌을 주는 것이 여전히 효과적이라고 생각합니다."

두 사람의 발언이 끝나자 선생님이 말했다.

"승아는 벌에 대한 두려움 때문에 범죄를 저지르지 않는 경우가 드물다는 것을 예로 들어서 사형 제도가 범죄 예방 효과가 없다고 주장했습니다. 반면 민수는 사형을 실제로 집행하지 않아서 우리나라의 범죄가 늘어났다고 자료를 제시하면서 주장하고 있습니다. 양 팀의 토론 내용을 바탕으로 반론을 제기해 주기 바랍니다."

선생님이 말을 마치자마자 사형 제도 반대 팀의 윤태가 일어났다.

"민수의 말처럼 1997년 이후의 살인 사건 발생 수는 16퍼센트 증가한 게 맞아요. 하지만 이게 전부는 아니에요. 우리나라에서 실제 사형 집행이 이루어졌던 1988년부터 1997년까지의 자료를 보면, 살인 사건 발생 수는 무려 31퍼센트나 증가했다고 해요. 사형을 집행했던 때에 오히려 살인 사건이 더 많이 일어났다는 거죠. 이 수치를 통해서 사형 제도와 범죄 예방은 큰 관련이 없다는 걸 알 수 있습니다. 이는 우리나라뿐만이 아닙니다. 사형 제도를 대부분 폐지한 유럽 연합 국가들의 범죄율이 사형 제도가 있는 미국의 범죄율보다 훨씬 낮습니다. 이런 예를 보더라도 사형 제도가 범죄 예방에 도움이 된다는 주장은 납득이 안 돼요."

밤새 자료를 찾아보며 토론을 준비한 윤태의 노력이 빛을 발하는 순간이었다. 하지만 상대 팀도 만만치는 않았다. 토론반의 '브레인'으로 불리는 형식이가 사형 제도 찬성 팀을 대표해 일어났다.

"지난 2010년 우리나라 헌법 재판소에서는 사형 제도가 합헌_{헌법의 취지에 맞}

<u>는 일</u>이라는 결정을 내렸습니다. 헌법 재판소는 사형이 필요악이며, 현재 우리나라에서 제 기능을 한다고 밝혔습니다. 또한 싱가포르의 경우에는 마약범들에게 사형을 집행한 뒤에 마약 범죄가 눈에 띄게 줄어들기도 했습니다. 마약 범죄자들이 사형당할 것을 두려워해 범죄를 저지르지 않았기 때문이죠. 이러한 자료를 보더라도 사형 제도가 범죄 예방과 아무런 관계가 없다고 말할 순 없을 거예요. 오히려 사형 제도에 대한 두려움 때문에 흉악 범죄를 덜 저지르지 않을까?"

사형 제도가 있는 나라 VS 사형 제도를 폐지한 나라

2021년을 기준으로 전 세계에서 모든 범죄에 대한 사형 제도를 폐지한 국가는 포르투갈, 덴마크, 노르웨이 등 105개 국가다. 또한 특수한 경우에만 사형을 인정하고 일반 범죄에 대한 사형을 폐지한 나라는 브라질, 페루 등 7개 국가다. 사형 제도는 있지만 지난 10년 동안 사형을 집행하지 않아서 사실상 사형 폐지국인 나라는 대한민국, 케냐, 콩고 등 51개 국가이다. 아직까지 사형 제도가 그대로 남아 있고 집행하는 나라는 31개이다. 미국은 주마다 사형 제도에 대한 입장이 서로 다르다. 현재 사형을 폐지한 주는 메릴랜드주를 포함해 23개 주이며, 텍사스, 오클라호마, 버지니아 등 27개 주와 연방 정부는 아직까지 사형 제도를 유지하고 있다.

윤태와 형식이의 반론이 끝나자 선생님은 두 팀에게 다음과 같은 질문을 했다.

"양 팀의 반론, 잘 들어봤습니다. 이번엔 이런 질문을 해 보겠습니다. 흉악한 범죄는 왜 일어날까요? 사형 제도 찬반의 입장에서 흉악한 범죄가 일어나는 이유를 설명할 수 있다면 입장이 다른 사람들을 설득할 수 있지 않을까요? 최종 변론에서 여러분의 답변을 기대해 보겠습니다."

선생님의 말이 끝나자 아이들은 팀별로 회의를 시작했다. 찬성 팀과 반대 팀 모두 흉악 범죄가 일어나는 이유에 대해서 여러 가지 이야기를 나누었다. 그리고 준비해 온 자료들을 통해서 주장할 내용을 정리해 보았다. 회의가 끝나고 사형 제도에 반대하는 팀의 동찬이가 먼저 일어나서 최종 변론을 시작했다.

"범죄가 일어나는 이유는 여러 가지가 있다고 합니다. 토론을 준비하면서 책을 좀 찾아봤는데, 범죄의 발생 원인은 사회 경제가 불안해서, 잘사는 사람과 못사는 사람 간의 차이가 심해서, 문제가 발생했을 때 해결하려는 방식이 크게 달라서 등 매우 다양했습니다. 인권 의식이 낮을 때 범죄가 발생한다는 연구 결과도 있었고요. 결국 범죄는 단지 범죄를 일으킨 사람만의 잘못이 아니라 사회 전체적인 문제라는 의미입니다. 사형 제도 같이 강한 처벌을 앞세운다고 해서 범죄가 줄어드는 건 아니라는 거죠. 범죄가 발생하는 원인을 찾아서 없애려고 노력하는 게 더 바람직하다고 생각합니다."

동찬이가 변론을 마치자, 사형 제도에 찬성하는 팀의 지현이가 일어나서 최종 변론을 했다.

"일반적인 범죄는 동찬이가 주장하는 것처럼 여러 가지 원인이 있을 거예요. 하지만 흉악한 범죄는 다르다고 생각해요. 흉악한 살인범들은 보통 다른 범죄를 저질렀던 과거가 있는 사람들이에요. 실제로 흉악범들의 기록을 보면, 감옥에서 나온 뒤 한 달 이내에 더 강력한 범죄를 저지르는 경우가 많다고 합니다. 범죄에 대한 처벌이 엄하게 이루어지지 않으니까 감옥에서 나온 뒤에도 범죄를 저지르게 되는 것 아닐까요? 일반적인 범죄와 달리 흉악 범죄는 약한 처벌 때문에 더 많이 발생하고 재발하는 확률도 높다고 생각합니다."

지현이의 말에 사형 제도 반대 팀의 승아가 발끈해서 일어났다.

"흉악한 범죄자에게 생명을 빼앗지 않는 다른 엄한 처벌을 할 수 있잖

아요?"

"아닙니다. 흉악한 범죄자들이 다시 사회에 나오면 똑같은 범죄를 저지를 수 있습니다."

형식이도 일어나서 목소리를 높였다. 선생님은 아이들의 논쟁을 잠시 중단시킨 후 말했다.

"지금 우리가 토론하는 내용은 사형 제도가 범죄 예방에 효과가 있는지 여부입니다. 흉악한 범죄자에게 사형 제도가 필요한지 여부는 2차 토론에서 진행하면 어떨까요?"

아이들은 모두 고개를 끄덕였다. 선생님은 이야기를 계속했다.

"그동안 사형 제도가 범죄 예방에 효과적인지 아닌지에 대한 수많은 논쟁이 있었습니다. 강력한 처벌만이 범죄를 예방할 수 있다는 생각은 아주 오래전부터 있어 왔으니까요. 하지만 현대 사회에서는 단지 강한 처벌만으로는 범죄를 예방하기 힘들다는 의견들이 대다수입니다. 사형 제도에 대한 반대 주장이 많아진 것도, 사형 제도가 범죄 예방에 큰 효과가 없다는 연구 결과가 나오기 시작했기 때문입니다. 오늘 토론이 사형 제도의 효과에 대한 여러 가지 고민을 함께하는 시간이 되었기를 바랍니다."

1차 토론을 통해 윤태는 사형 제도에 대해 더 깊이 생각하게 되었다. 사형보다 더 나은 처벌이 있을까? 하는 고민도 들었다. 윤태는 다음 토론이 벌써부터 기다려졌다.

쟁점 2.

흉악한 범죄자는 영원히 격리시켜야 해
vs 생명을 빼앗지 않는 다른 처벌도 있어

2차 토론 시간이 되었다. 윤태는 같은 팀 친구들과 여러 가지 자료를 조사하느라고 일주일을 보냈다. 토론반에 와 보니 상대 팀 친구들도 준비를 열심히 한 듯 자신만만한 모습이었다. 선생님이 교실에 들어와 2차 토론의 시작을 알렸다.

"2차 토론의 논쟁거리는 '흉악한 범죄자에게 사형 제도가 필요한가?' 하는 것입니다. 흉악한 범죄가 증가할수록, 그런 범죄를 저지른 범죄자는 사회에서 영원히 격리시켜야 한다는 주장이 많아지고 있습니다. 반면 아무리 흉악한 범죄를 저지른 사람이라도 사형이 아닌 다른 처벌로 다스려야 한다는 주장도 끊임없이 제기되고 있습니다. 이번 2차 토론이 사형 제도에 대해 여러 가지 방면으로 깊이 있게 생각할 수 있는 계기가 되기를 바랍니다."

선생님의 이야기가 끝나고 토론이 시작되었다. 사형 제도 찬성 팀의 민수가 먼저 일어서서 주장을 폈다.

"지난번 토론에서도 말했지만 흉악한 범죄자들은 실제로 대부분 비슷한 전과를 가지고 있다고 합니다. 그리고 이런 범죄자들은 대부분 사회에 돌아와서 비슷한 범죄를 저지릅니다. 감옥에서 반성을 하기는커녕 더 대담한 범죄를 저지르는 경우도 많습니다. 우리나라에는 사형보다 낮은

형벌로 무기 징역^{기간을 정하지 않고 평생 교도소 안에 가두어 의무 작업을 시키는 형벌}이 있습니다. 그런데 보통 10년이 지난 뒤 가석방^{형벌의 집행 기간이 끝나지 않은 죄수를 일정한 조건 하에 풀어 주는 제도}으로 풀려날 수 있다고 해요. 만약 흉악한 범죄를 저지른 사람이 10년 만에 다시 사회로 돌아와 범죄를 저지른다면 어떨까요? 국민들은 불안에 떨 수밖에 없을 거예요. 따라서 흉악한 범죄자들에 대한 사형 제도는 국민을 보호하기 위해서라도 필요한 제도라고 생각합니다."

민수의 발언이 끝나자 이어서 사형 제도 반대 팀의 승아가 일어나 발언을 시작했다.

"교도소를 교정 시설이라고 부른다고 해요. 단지 죄를 지은 사람들을 벌주는 곳이 아니라, 자신의 죄가 얼마나 무거운지 깨닫고 반성하게 만들어서 다시 다른 사람들과 어울려 살아갈 수 있도록 바로잡는 시설이란 뜻이죠. 흉악한 범죄를 저지른 범죄자라도 자신의 죗값을 치르고 뉘우친다면 다시 사회에 돌아가 정상적인 삶을 살 수 있도록 도와야 합니다. 그런데 사형은 사람이 죄를 뉘우치고 새로운 삶을 살 기회조차 빼앗는 형벌이잖아요? 사형 제도 말고 다른 처벌 방법을 마련하는 것이 더 필요하다고 생각합니다."

민수와 승아의 발언이 끝나자 선생님이 말을 이었다.

"양 팀의 주장을 잘 들었습니다. 사형 제도 찬성 팀의 민수는 흉악한 범죄자들은 다시 범죄를 저지를 가능성이 높고, 가석방으로 다시 사회로 돌아가면 국민의 안전에 큰 위협이 될 거라는 주장을 했습니다. 반면 사형 제도 반대 팀의 승아는 흉악한 범죄를 저지른 사람이라도 자신의 죗값을 치렀다면 새로운 삶을 살 기회를 줘야 한다고 주장했습니다. 그럼 양 팀에서 서로의 주장에 대해 반론할 기회를 갖도록 하겠습니다."

선생님의 이야기가 끝나기를 기다렸다는 듯 사형 제도 찬성 팀의 지현이가 일어나서 승아의 주장에 반박을 했다.

"승아의 말대로 사형 제도 말고도 죄를 뉘우치게 만드는 방법이 있을 수도 있어요. 하지만 아직까지 우리나라의 형벌 제도는 그런 방법을 찾진 못한 것 같아요. 이번에 토론을 준비하면서 조사해 보니까, 성폭력 범죄자들이 같은 범죄를 저지르는 확률이 60퍼센트나 된다고 하더라고요. 애

초에 반성하는 마음 자체가 없으니까, 죗값을 치른 뒤에도 똑같은 범죄를 저지르는 것 아닐까요? 이런 현실에서 국민은 불안할 수밖에 없어요. 죗값을 치른 뒤에도 죄를 진심으로 뉘우치게 만드는 처벌 방법이 생기지 않는 한 사형 제도는 유지돼야 한다고 생각해요."

지현이의 주장이 끝나자, 사형 제도 반대 팀의 동찬이가 일어나서 반론을 시작했다.

"여러분은 가석방 제도에 대해서 얼마나 알고 있나요? 이 제도는 단지 감옥에서 10년을 보내면 누구나 석방시켜 주는 게 아니에요. 범죄자가 자신의 잘못을 뉘우치고 새로운 삶을 살아갈 의지가 있는지를 아주 자세하게 검토한 뒤에 가석방 결정을 내리는 것입니다. 게다가 지난 2006년 국가 인권 위원회에서는 성폭력 범죄자들이 다시 범죄를 저지를 확률이 60퍼센트라고 알려진 것과 달리 사실은 7퍼센트에 불과하다고 밝혔어요. 성폭력 범죄자들이 저지른 다른 범죄까지 포함시켰기 때문에 60퍼센트가 넘는 결과가 나온 거죠. 결국 범죄를 저지른 사람이 다시 같은 범죄를 저지를 확률이 높다고 생각하는 건 편견일 수 있어요."

지현이와 동찬이의 반론이 끝나자 선생님이 아이들의 주의를 집중시키며 질문을 던졌다.

"두 사람의 반론 잘 들었습니다. 그럼 양 팀에게 각각 질문을 할게요. 우선 사형 제도를 반대하는 팀에게 묻습니다. 만약 자신의 잘못을 인정하지 않는 아주 흉악한 범죄자가 있다면, 이 사람에 대한 처벌은 어떻게 하는 것이 좋을까요? 그리고 사형 제도에 찬성하는 팀에게 묻겠습니다.

만약 사형이 확정된 사람 중에서 자신의 잘못을 깊이 뉘우치고 새로운 사람이 될 수 있는 가능성이 충분한 사람이 있다면 그 사람도 역시 사형에 처해야 할까요? 각 팀은 질문에 대한 대답을 잘 생각해서 마지막 최종 변론을 하기 바랍니다."

각각 다른 질문을 받은 양 팀은 모두 분주해졌다. 사형 제도 반대 팀의 윤태는 토론을 준비하면서 이미 이런 질문을 해 본 적이 있었다.

'다른 친구들은 어떻게 생각할까?'

윤태는 다른 친구들의 생각을 궁금해하며 다른 팀원들과 선생님이 던진 질문에 대한 답을 구하기 시작했다. 상대 팀 아이들도 질문에 답하기 위해 열심히 토론을 하는 모습이 보였다. 시간이 어느 정도 흐르자, 먼저 사형 제도 찬성 팀의 형식이가 일어나 발언을 시작했다.

"현재 우리나라 법에는 사형이 확정된 사람은 무기형으로 형이 낮아지기 전에는 감옥에서 10년을 보내도 가석방을 신청할 수 없습니다. 왜 그럴까요? 사형이 확정된 사람의 죄를 쉽게 용서할 수 없기 때문입니다. 최근 우리나라에서 사형이 확정된 경우는 단순한 실수나 순간의 잘못된 판단으로 범죄를 저지른 게 아니었어요. 사람으로서 절대 해선 안 될 잔인한 범죄를 서슴없이 저지른 극악무도한 범죄자들이었죠."

형식이의 다소 '센' 발언에 토론반 아이들은 모두 긴장한 듯했다. 형식이는 숨을 한 번 고른 뒤 발언을 계속했다.

"선생님의 질문처럼 잔인한 범죄를 저지르고 잘못을 크게 뉘우치는 사람은 어떻게 해야 할까요? 저희 팀의 생각은 이렇습니다. 비록 지금은 자신의 잘못을 뉘우치고 새로운 삶을 살고 싶다는 의지가 있다 하더라도, 그 사람이 저지른 죄는 사라지는 게 아닙니다. 그 죗값을 제대로 치르는 것이 그들이 사회적 책임을 다하는 것이라고 생각합니다. 그래서 저희 팀은 사형 제도가 계속 유지되어야 한다고 봅니다."

명쾌한 발언이었다. 형식이의 마지막 발언에 이어 사형 제도 반대 팀의 윤태가 굳은 표정으로 일어났다. 아이들은 윤태가 어떤 주장을 펼칠지 기대가 되는 표정이었다.

"사실 우리나라에서 사형이 확정된 사형수들은 형식이의 말처럼 인간이라면 해서는 안 되는 죄를 저지른 사람들이 많습니다. 하지만 이들은 대부분 불행한 가정에서 자라며 마음에 악을 품게 된 사람들입니다. 이들의 잘못은 분명 큽니다. 하지만 꼭 그들만의 잘못이라고 할 순 없습니다. 죄를 지은 사람에게 벌을 주는 것은 자신의 잘못을 깨닫게 하기 위해서입니다. 그런데 선생님 말씀처럼 아무 잘못도 뉘우치지 못한 사람을 사형시킨다면, 벌을 주는 의미가 있을까요?"

아이들이 웅성거렸다. '일리 있는데?', '윤태 말이 맞아.' 등의 반응이 작게 흘러나왔다. 윤태는 자신감을 얻고 말을 계속했다.

"그래서 저희 팀은 자신의 잘못을 뉘우칠 수 있는 기회를 주어야 한다고 생각합니다. 우리나라에는 없지만 다른 나라에는 종신형이란 제도가 있습니다. 감옥에 수감된 지 10년이 지나면 가석방이 될 수 있는 무기형과는 달리, 종신형은 죽을 때까지 감옥에서 자신의 죄를 뉘우칠 기회를 주는 형벌입니다. 자신의 죄를 전혀 뉘우치지도 않고 변화의 가능성마저 없는 범죄자에게는 사형보다 종신형이 낫지 않을까요? 사람의 생명을 앗아 가서 잘못을 뉘우칠 기회를 빼앗는 것보다는 사형 제도를 폐지하고, 종신형과 다른 효과적인 처벌을 통해 죗값을 달게 받도록 하는 게 더 올바른 방법이라고 생각합니다."

형식이와 윤태의 정리 발언이 다 끝났다. 선생님은 고개를 끄덕이며 말문을 열었다.

"양 팀의 마지막 주장 잘 들었습니다. 두 팀의 진지한 이야기를 들으면서 많은 것을 생각할 수 있었습니다. 죄를 지으면 벌을 받아야 한다는 생각은 모두 같지만, 죗값의 무거움을 더 느껴야 한다는 의견과 자신의 죄를 뉘우치는 게 더 중요하다는 의견이 팽팽히 맞서고 있네요. 사형 제도는 죄에 대한 책임으로 사람의 생명을 요구하는 무거운 형벌이므로, 사형 제도에 대한 판단은 더욱 신중해야 합니다. 그래서 마지막 3차 토론은 '생명을 빼앗는 사형 제도가 정말 옳은가?'에 대해 이야기를 나눠 보면 어떨까 싶습니다. 그럼 3차 토론도 열심히 준비해 주기 바랍니다."

2차 토론은 이렇게 해서 끝이 났다. 윤태는 3차 토론 준비를 위해 팀원들과 이야기를 나눈 뒤, 집에 돌아가면서 인간의 생명에 대해서 다시 한 번 생각해 보기로 다짐했다. 그리고 사형 제도 폐지를 주장한 세계적인 인권 단체인 앰네스티의 활동도 조사해 보기로 했다.

쟁점 3.

살인자는 대가를 치러야 해 vs 모든 사람의 목숨은 소중해

윤태는 3차 토론에 거는 기대가 컸다. 지금까지의 토론이 사형 제도의 효과와 다른 처벌 방식은 없는 것인가에 대한 것이었다면, 마지막 3차 토론은 인간의 생명을 빼앗는 형벌인 사형 제도의 본질적인 문제에 대해 짚어 보는 토론이기 때문이다.

교실에 들어서니 친구들이 이미 와 있었다. 윤태는 친구들과 인사를 하고 자리에 앉았다. 왠지 이번 토론은 좀 더 차분하고 진지하게 진행해야 할 것만 같았다. 이윽고 선생님이 교실에 들어온 뒤 곧이어 3차 토론이 시작되었다.

"사람의 목숨을 함부로 빼앗는 것을 옳다고 생각하는 사람은 없을 거예요. 하지만 '많은 사람의 생명을 빼앗은 사람도 자신의 생명을 보호받아야 할까?'라는 질문에 대한 입장은 양 팀이 다를 거라고 생각해요. 사실 사형 제도가 논란이 되는 가장 중요한 핵심은 여기 있습니다. 오늘 마지막 토론에서 여러분의 깊이 있는 고민을 들어볼 수 있기를 바랍니다."

선생님의 말이 끝나자 사형 제도 반대 팀의 동찬이가 조금은 긴장한 표정으로 일어나서 발언을 시작했다.

"세상의 모든 생명은 소중합니다. 사람의 생명이 소중하다는 것을 굳이 설명할 필요가 있을까요? 아무리 잔혹한 범죄를 저지른 사람이라고 해도 그의 생명을 빼앗을 권리는 누구에게도 없습니다. 그의 생명이 소중하다는 것은 변함없는 사실이니까요. 때문에 저는 사형 제도가 반드시 없어져야 한다고 생각합니다."

동찬이는 떨리는 목소리로 발언을 마무리했다. 긴장한 동찬이와 달리, 사형 제도 찬성 팀의 지현이는 여유 있게 자리에서 일어났다.

"살아 있는 사람이란 어떤 사람일까요? 단순히 숨을 쉬고 있는 사람을 말하는 것일까요? 저는 살아 있다는 것은 인간으로서의 존엄과 가치를 가지고 사는 것이라고 생각해요. 자신의 이익 때문에 많은 사람을 무참히 살해한 범죄자는 어떤가요? 과연 살아 있는 사람이라고 할 수 있을까요? 그의 삶은 인간으로서 존중받을 만큼 가치 있는 삶일까요? 백번 양보해서 그의 생명도 소중하다고 쳐요. 하지만 그가 아무런 양심의 가책도 없이 빼앗은 생명의 무게와 그의 생명의 무게가 같다고 할 수 있을까요? 잔인한 범죄를 저지른 사람도 생명을 보호받는데, 그에게 희생당한 사람들의 생명은 정작 보호받지 못한 거잖아요. 다른 사람의 생명을 빼앗고도 양심의 가책을 느끼지 않는 흉악한 범죄자들에게 사형을 집행하는 것은 그가 저지른 엄청난 범죄에 대한 정당한 대가라고 생각합니다."

지현이의 발언까지 끝나자 선생님은 각각의 주장을 정리했다.

"양 팀의 주장을 잘 들었습니다. 동찬이는 흉악한 범죄를 저지른 사람의 생명도 똑같이 소중하고 누구도 생명을 함부로 빼앗을 권리가 없기 때문에 사형 제도는 없어져야 한다고 주장했습니다. 반면 지현이는 다른 사람의 생명을 함부로 빼앗고 양심의 가책조차 느끼지 않는 범죄자들에게 사형을 집행하는 것은 정당한 대가를 치르는 것이라고 주장했습니다.

각자 양 팀의 주장을 잘 살펴보고 반론을 준비해 주기 바랍니다."

선생님의 말이 끝나자 승아가 일어나서 반론을 시작했다.

"정말 범죄자는 인간다운 삶을 보장받으면 안 되는 걸까요? 만약 다른 사람의 생명을 빼앗고도 양심의 가책조차 느끼지 않는 사람이 있다고 생각해 봅시다. 그의 목숨을 빼앗는 게 그로 하여금 자신의 잘못을 뉘우치도록 할까요? 그 사람은 목숨을 잃어도 그가 죽인 생명의 소중함을 깨닫지는 못할 거예요. 오히려 그에게 필요한 것은 생명의 소중함과 자신의 죄가 얼마나 엄청난 것인지를 깨닫는 참회와 속죄의 시간 아닐까요?"

승아의 반론이 끝나자 형식이가 일어나서 반론을 폈다.

"생명을 빼앗으면 다시는 되돌릴 수 없습니다. 잘못을 깊게 뉘우친다고 해서 죽은 사람이 다시 돌아오는 것도 아니고요. 한순간의 잘못으로 다른 사람의 생명을 빼앗은 사람도 그 책임은 무거운 법입니다. 그런데 사람의 생명을 함부로 여기고 죄책감도 없는 사람의 생명만 국가가 보호한다면 그것을 정의라고 할 수 있을까요? 설사 그가 나중에 자신의 죄를 깨달았다 하더라도, 그가 죽인 사람들의 생명은 되돌릴 수 없습니다."

형식이의 반론이 끝나자 선생님은 양 팀에 질문을 했다.

"양 팀의 팽팽한 반론 잘 들었습니다. 그럼 이번엔 선생님이 질문을 해 볼게요. 만약 죄가 없는 사람이 누명을 쓰고 사형을 당하게 된다면 사형 제도를 지속해야 할까요? 또 흉악한 범죄자에게 가족을 잃은 사람들에게 사형 제도가 폐지되어야 한다고 어떻게 설득할 수 있을까요? 질문에 대해 토의를 한 후 최종 변론을 제시해 주기 바랍니다."

선생님의 질문을 듣고 팀원들은 여러 가지 이야기를 나누었다. 이야기를 나누면서 윤태는 사형 제도에 대해 어떤 입장을 취하는 것은 매우 신중해야 한다는 것을 새삼 깨달았다. 꽤 긴 시간이 지나고 나서 두 팀의 토의는 모두 끝이 났다. 먼저 형식이가 일어나서 마지막 주장을 펼쳤다.

"최근에 끔찍한 살인 사건의 피해자 가족이 그 고통과 슬픔을 못 이겨 스스로 목숨을 끊는 일이 있었습니다. 이처럼 사랑하는 가족을 잃은 고통은 그 무엇으로도 치유되기 어렵습니다. 결국 사람의 목숨을 빼앗는 죄는 한 사람의 생명을 앗아 가는 것뿐만 아니라 남은 사람들을 죽음에 이르게 만드는 끔찍한 범죄입니다. 물론 죄 없는 사람이 누명을 쓰고 사형을 당한다면 그것은 돌이킬 수 없는 실수이고, 그런 일은 있어서도 안 될 것입니다. 하지만 이러한 문제는 정확한 수사를 통해 해결할 수 있습니다. 그러므로 저희 팀은 흉악한 범죄자들의 대가를 치르게 하기 위해서라도 사형 제도는 꼭 필요하다고 생각합니다."

형식이가 굳은 표정으로 최종 변론을 마쳤다. 다음은 사형 제도에 반대하는 윤태 팀의 최후 변론 차례였다. 윤태는 심호흡을 하고 이야기를 시작했다.

"우리나라에는 사형이 확정된 상태지만 아직 사형이 집행되지 않은 사형수들이 있습니다. 이들은 매일매일 죽음의 공포에 시달리고 있다고 합니다. 이들은 죽어 마땅한 사람이라 스스로 죄를 뉘우칠 기회조차 가질 수 없는 것일까요? 만약 이들 중에 정말 억울하게 누명을 쓴 사람이 있다면요? 일본에서는 2005년 이후 잘못된 수사 때문에 억울한 누명을 쓴 사

건이 네 건이나 발생했다고 해요. 사형 제도가 있는 한 잘못된 수사로 인한 억울한 희생자는 계속 나올 것입니다. 또 형식이 말대로 피해자 가족들의 슬픔과 고통이 큰 것은 사실이지만, 범죄자를 사형시킨다고 해서 피해자 가족의 고통이 줄어드는 것은 아닙니다."

사형 제도 찬성 팀에서 '저게 말이 돼?' 하며 웅성거렸지만, 윤태는 신경 쓰지 않고 계속해서 말을 이어 갔다.

"《세상에서 가장 아름다운 용서》라는 책이 있습니다. 이 책은 자신의 가족을 살해한 살인범을 용서하고 사형 제도 폐지를 위해 앞장선 열 명의 피해자 가족의 이야기를 모은 것입니다. 그들은 살인범을 용서한 이유가 가해자를 위해서가 아니라 자신들을 위해서라고 말했습니다."

"말도 안 돼. 그게 어떻게 피해자 가족들을 위한 길이야?"

민수가 펄쩍 뛰며 말했다. 선생님은 조용히 눈짓으로 민수를 진정시켰다.

"살인범들을 용서한 가족들은 가해자에 대한 분노와 증오 속에서 살아가는 것이 더 고통스럽다는 것을 깨달았다고 합니다. 그러므로 사형 제도를 폐지하자는 것은 단지 죄인을 용서해 주기 위함이 아닙니다. 죄인에겐 진정으로 죄를 뉘우칠 기회를 주고, 피해자 가족들도 고통과 슬픔을 이겨 낼 수 있도록 하기 위한 가장 기본적인 조건인 것입니다."

윤태는 말을 마치고 자리에 앉았다. 선생님은 한동안 말없이 아이들을

뒤늦은 무죄 선고

지난 2014년 3월, 대법원에서는 억울하게 누명을 쓰고 사형당한 피해자 김 씨의 유족들에게 51억의 위자료를 지급하라고 판결했다. 피해자인 김 씨는 36년 전 '진도 간첩단 사건'에서 간첩 활동을 했다는 죄목으로 체포되었고, 그 과정에서 모진 고문을 당했다. 그는 가혹한 고문을 더 이상 견디지 못하고 간첩 활동을 했다고 거짓 자백을 하고 말았다. 그의 거짓 증언을 믿은 재판부는 1981년에 사형을 확정했고, 4년 뒤 김 씨는 소중한 목숨을 잃고 말았다. 김 씨의 가족들은 억울함을 호소하며 무죄를 주장했고, 이에 재판부는 사건을 다시 조사하여 2011년 3월 김 씨가 고문에 의해 자백한 것임을 인정해 무죄를 선고했다.

바라보았다.

"사형 제도에 대한 진지한 토론 잘 들었습니다. 사형 제도에 대한 찬반 논란은 우리 사회에서 아직 계속되고 있습니다. 이번 토론을 통해 여러분이 생명의 가치와 소중함에 대해 좀 더 고민할 기회가 되었으면 좋겠네요."

마지막 토론이 끝나고 집으로 돌아가면서 윤태는 앰네스티 회원이 되겠다고 다짐했다. 모든 생명은 소중하다는 자신의 믿음을 잊지 않기 위한 작은 실천을 해 보고 싶었기 때문이다.

함께 정리해 보기
사형 제도는 인권 침해일까?

'사형 제도' 찬성 팀	논쟁이 되는 문제	'사형 제도' 반대 팀
강력한 벌을 주면 흉악한 범죄가 발생하는 것을 미리 예방할 수 있으므로 사형 제도는 범죄 예방 효과가 있다.	사형 제도는 범죄 예방에 효과가 있을까?	사형 제도를 폐지한 나라들의 범죄율이 낮은 것을 봐도 사형 제도는 범죄 예방에 큰 효과가 없다.
사형 제도는 흉악한 범죄자들을 사회에서 영원히 격리할 수 있으므로 유지해야 한다.	흉악한 범죄자에게 사형 제도는 필요할까?	사형 제도보다 더 효과적인 벌을 통해 죄를 지은 사람이 스스로의 잘못을 깨닫고 새 삶을 살도록 도와야 한다.
다른 사람들의 생명을 함부로 빼앗은 범죄자들에게 사형을 구형하는 것은 죄에 대한 정당한 대가를 치르게 하는 것이다.	다른 사람의 생명을 빼앗은 사람도 자신의 생명을 보호받아야 할까?	아무리 큰 잘못을 저지른 사람이라 할지라도 그 사람의 생명을 빼앗을 권리는 없다.

4장

사생활 보호, 어디까지 허용될까?

4장에서는 사생활의 의미와 사생활 보호의 범위가 어디까지 인지에 대한 논쟁을 다루고 있습니다. 초등학교에서는 일기장 검사를 하고, 모두가 볼 수 있도록 성적을 공개하기도 합니다. 사회적으로 종종 대두되는 대표적인 사생활 침해 문제는 CCTV입니다. 범죄를 예방하는 효과도 있지만 자신의 모습이 시시각각 카메라에 찍힌다면 사생활을 침해당한다고 느낄 수도 있습니다. 연예인과 정치인들의 사생활도 논란의 대상입니다. 그들은 공인이기 때문에 사생활을 보호받지 않아도 될까요? 이번 토론을 통해 사생활 침해에 대해 생각해 보기 바랍니다.

'사생활 감시' 찬성 팀

우리는 어느 정도의 사생활 감시는 어쩔 수 없다고 생각하는 팀이야. 우선 학교에서 하는 일기 검사는 사생활 침해가 아니야. 일상의 기록인 일기를 부모님이나 선생님이 보는 게 문제 될 건 없어. CCTV는 범죄 예방뿐만 아니라 범인을 잡는 데도 큰 역할을 하기 때문에 사생활 침해를 이유로 금지시킬 순 없어. 마지막으로 연예인이나 정치인에게 사생활은 존재하지 않아. 공인들의 삶은 일반 사람들에게 영향을 미치기 때문에 그들이 은밀한 사생활을 보장받는다면 그것은 대중을 기만하는 것과 같아.

'사생활 감시' 반대 팀

민수   승아   동찬

우리는 사생활을 감시하는 건 인권을 침해하는 것이므로 최소한으로 줄여야 한다고 생각하는 팀이야. 일기 검사는 부모님과 선생님의 시선을 의식하게 만들어서 내 생각을 솔직히 적을 수 없으므로 사생활 침해에 속해. CCTV도 마찬가지야. 범죄자들뿐만 아니라 보통 사람들의 사생활도 낱낱이 기록되기 때문에 명백한 사생활 침해지. 마지막으로 연예인이나 정치인들도 우리와 똑같은 사람이야. 그들의 사생활 역시 철저히 보호받아야 해.

사생활 보호, 어디까지 허용될까?

"민수 너, 지난 수요일에 교문 앞에서 떡볶이 사 먹었지?"

어느 날이었다. 수업을 마친 뒤 담임 선생님이 민수를 불렀다. 담임 선생님은 민수의 모든 것을 알고 있는 것 같았다. 민수는 귀까지 새빨개졌다.

'헉! 그걸 어떻게 아셨지?'

그날 아침을 거르고 등교해서 1교시가 끝난 뒤 몰래 학교 밖으로 나가서 컵볶이를 사 먹었는데, 이걸 누군가 선생님에게 이른 걸까? 민수의 의문은 오후 늦게야 풀렸다. 학교 교문 앞에 있는 CCTV에 민수가 찍힌 것이었다. 사건은 이랬다. 그날 중학교 형들이 교문 앞에 와서 4학년 아이의 돈을 강제로 뺏은 사건이 있었는데, 그 사건을 확인하기 위해 CCTV를 보는 과정에서 민수의 행동도 알려진 것이었다. 민수는 쉬는 시간에

함부로 나가서 떡볶이를 사 먹은 것은 잘못이라고 생각했지만, CCTV를 볼 때마다 불쾌한 기분이 드는 것은 어쩔 수 없었다.

여기서 끝난 게 아니었다. 민수가 학원을 마치고 집에 오자 엄마가 팔짱을 낀 채 못마땅하다는 표정으로 현관에 서 있었다.

"혜경이가 도대체 어떤 애니?"

"뭐? 엄마, 내 일기장 봤어?"

민수는 하늘이 노래지는 것 같았다. 일기장에 같은 학원에 다니는 여자아이에 대해 써 놓았는데, 그걸 엄마가 본 게 분명했다. 민수는 창피함과

화나는 감정이 뒤죽박죽 엉켜서 그만 엄마에게 소리를 지르고 말았다.

"얘가 어디서 큰 소리야? 공부하라고 학원 보내 놨더니 학원에 놀러 다니니?"

민수는 엄마에게 대답도 하지 않고 방문을 꽝 닫고 들어갔다.

다음 날 토론반에서 민수는 친구들에게 선생님과 부모님에 대한 불만을 털어놓았다.

"우리 엄마 진짜 너무하지 않냐?"

"그러게 일기장 같은 건 잘 숨겨 놔야지. 난 일부러 일기를 두 개 쓰고 있어. 한 개는 남들이 봐도 되는 거, 하나는 보면 안 되는 거 이렇게."

승아가 안타깝다는 듯이 말했다.

"그리고 좀 전에 쓰레기 버리고 왔는데 학교 쓰레기장에도 CCTV가 달려 있더라? 내 행동 하나하나를 카메라로 감시당하는 것 같아서 기분이 좀 그랬어. 일기장 검사도 그렇고, CCTV가 많은 것도 그렇고, 다 사생활 침해야!"

민수의 말에 형식이가 당연하다는 듯이 말했다.

"예전에 쓰레기장에서 담배 피우던 중학생 형들이 적발된 것도 CCTV 덕분이었잖아. 요즘 같은 세상에 범죄 예방을 위해서 CCTV가 있는 건 당연해. 그리고 부모님이 일기장 보시는 것쯤이야 그냥 눈감아 줄 수 있는 정도 아닌가?"

형식이의 말에 동찬이가 발끈했다.

"말도 안 돼. 일기장 보는 건 심각한 사생활 침해야!"

"가족끼리 사생활은 무슨……."

"그래도 일기 보는 건 심하지 않냐?"

아이들의 의견이 분분했다.

이때 토론반 선생님이 교실로 들어왔다.

"교실 문밖에서 이야기하는 걸 들어 보니 이번 토론은 사생활 보호를 주제로 삼으면 어떨까 싶은데, 어때요?"

선생님의 물음에 아이들은 모두 고개를 끄덕였다.

"그럼 첫 번째 논쟁거리는 무엇으로 할까?"

민수가 기다렸다는 듯이 손을 번쩍 들었다.

"일기 검사요! 일기 검사는 명백한 사생활 침해라고 생각합니다!"

"좋아요. 일기 검사에 대해 민수와 다른 의견을 가진 친구들도 있나요?"

선생님의 물음에 형식이와 지현이 그리고 윤태가 손을 들었다.

"그럼 이번 토론 주제는 '사생활 보호, 어디까지 보장해야 할까?'로 하겠어요. 1차 논쟁거리는 '일기 검사는 사생활 침해일까?'입니다. 여러분의 일상과 맞닿아 있는 내용이니 잘 준비해 올 거라고 믿겠어요."

"네 선생님!"

민수와 친구들은 힘차게 대답했다. 민수는 토론을 잘하는 윤태와 책을 많이 읽어서 똑똑한 형식이와 한 팀이 아니라 조금 불안했지만, 이번 기회에 사생활 침해에 대해 공부해 보기로 마음먹었다.

쟁점 1.

일기로 고민을 터놓을 수 있어
vs 일기장을 두 개나 쓰고 싶지 않아

    1차 토론 시간이 되었다. 민수는 그동안 일기 쓰기에 대해 여러 친구들의 의견도 들어보고 인터넷에서 자료를 찾아보기도 했다. 지난 일주일 동안 토론 준비를 하느라 많은 노력을 한 자신이 대견했다.
    선생님의 발언으로 토론이 시작됐다.
    "이번 토론의 주제는 사생활 보호입니다. 흔히 '프라이버시'라 부르는 개인의 사생활과 개인 정보 보호에 대한 관심이 늘어나고 있습니다. 이런 시기에 사생활 보호를 어디까지 보장해야 할지에 대한 이번 토론이 여러분에게 많은 도움이 되길 바랍니다. 자 그럼 먼저 1차 논쟁거리인 '일기 검사는 사생활 침해인가?'에 대한 토론을 시작하도록 하겠습니다."
    선생님 말이 끝나고 지현이가 먼저 일어나서 발언을 시작했다.
    "저희 팀은 일기 검사가 사생활 침해라고 생각하지 않습니다. 일기는 모두가 알다시피 자신의 생활을 기록한 글이에요. 누군가 함부로 내 일기장을 본다면 기분이 나쁘겠죠. 하지만 부모님과 선생님은 달라요. 우리가 어떤 생각을 하는지, 별다른 고민이 없는지 등을 일기를 통해 알 수 있다면 우리를 더 많이 도와주실 거예요. 학교에서도 마찬가지예요. 선생님께서 우리 일기를 보시는 건 우리가 일기를 꾸준히 쓰고 있는지를 확인하고, 일기를 통해 글쓰기 능력을 길러 주기 위함이에요. 물론 학생들의 고민을 파악하기 위한 것도 있고요. 그러므로 일기 검사를 사생활 침해라고 주장하는 것은 지나치다고 봐요."

　지현이의 이야기가 끝난 뒤, 일기 검사에 반대하는 팀을 대표해서 승아가 일어났다.

　"저는 요새 일기장을 두 개 쓰고 있어요. 하나는 검사용이고, 하나는 혼자 쓰는 비밀 일기장이에요. 왜 일기를 두 개나 쓰게 됐을까요? 그것은 바로 어른들이 일기를 검사하기 때문입니다. 누군가에게 검사를 받는다고 생각하면 자신이 하고 싶은 말을 자유롭게 쓰지 못하니까요. 일기 검사를 통해 어른들이 자신만의 생각이 무엇인지 토해 내라고 강요한다면, 우리는 자신만의 생각과 삶을 더 이상 키워 나갈 수 없을 거예요. 그래서

저희 팀은 일기 검사는 사생활 침해가 분명하다고 주장합니다."

승아의 발언이 끝나자 선생님이 양 팀의 주장을 정리해 주었다.

"양 팀의 첫 번째 토론 모두 잘 들었습니다. 일기 검사에 찬성하는 팀의 지현이는 일기 검사는 일기 쓰는 습관을 길러 주고 어른들이 아이들이 어떤 고민을 하는지 알 수 있게 해 주므로 사생활 침해가 아니라고 주장했습니다. 반면 승아는 일기 검사는 자신만의 생각을 키울 수 있는 기회를 제한하기 때문에 사생활 침해라고 주장했습니다. 그럼 각 주장에 대해 반론할 수 있는 시간을 주겠습니다."

선생님의 정리가 끝나고 먼저 일기 검사 찬성 팀의 윤태가 일어났다.

"일기는 개인적인 기록이 맞습니다. 하지만 개인적인 기록이기 때문에 무조건 비밀로 해야 할까요? 실제로 학교 폭력 같은 문제들이 일기 검사를 통해 해결된 사례가 많습니다. 사생활 침해만 내세워서 학생들의 심각한 고민과 문제를 해결할 수 없게 하는 게 과연 옳은 일일까요? 사실 일기에는 여러 가지 종류가 있습니다. 관찰 일기나 독서 일기처럼요. 이렇게 일기는 그 목적에 따라 공개나 비공개가 될 수 있습니다. 학교 선생님과 부모님에게만 공개되는 일기는 사실 두 사람을 제외하고는 비공개 일기입니다. 만약 우리의 일기가 다른 친구들에게 모두 공개된다면 문제겠지만, 우리와 가장 가까운 부모님과 선생님이 우리 일기를 보는 것은 사생활 침해에 해당하지 않는다고 생각합니다."

윤태가 발언을 마치고 자리에 앉자, 이번엔 일기 검사 반대 팀의 동찬이가 반론을 시작했다.

"찬성 팀은 일기를 검사하는 이유가 우리가 일기를 잘 쓰고 있는지 확인하고 우리의 고민을 알리는 것이라고 했는데, 전 이렇게 되묻고 싶어요. 일기 검사를 해야만 해결할 수 있는 문제인가요? 일기 내용을 검사하지 않아도 일기를 쓰고 있는지만 확인할 수도 있고, 학생들의 고민을 듣기 위해 상담 시간을 늘릴 수도 있습니다. 글쓰기 능력이야 국어 시간에 얼마든지 키울 수 있고요. 우리의 개인적이고 은밀한 이야기를 굳이 보이지 않아도 일기 검사로 얻을 효과를 낼 방법은 얼마든지 있습니다. 오히려 일기 검사를 하면 누군가 나를 감시한다는 생각 때문에 정작 중요한 내용을 쓰지 못하게 될 수도 있습니다."

윤태와 동찬이의 발언을 잠자코 듣고 있던 선생님은 미소를 지으며 말했다.

"양 팀 모두 상대방의 주장에 대해 적절한 반론을 펼쳤다고 생각합니다. 그럼 다음과 같은 질문을 해 보도록 하겠습니다. 첫째, 일기의 공개와 비공개 기준은 어떤 것이어야 할까요? 부모님과 선생님에게는 모든 일기를 공개해도 될까요? 또 일기 검사와 똑같은 효과를 낼 수 있는 방법들은 일기 검사와 비교해서 더 효과적일까요? 양 팀의 반론과 선생님의 질문을 모아서 최종 변론을 준비해 주기 바랍니다."

선생님의 말이 끝나고 양 팀 아이들은 토의를 시작했다. 민수는 선생님의 질문을 곰곰이 생각해 보았다. 공개와 비공개의 기준은 무엇일까? 친구들과 이야기하면서 민수는 자신의 생각을 조금씩 정리할 수 있었다. 양 팀이 토의를 시작하고 30분이 지났다.

"자, 이제 토의 시간이 모두 끝났습니다. 그럼 이제 양 팀의 정리 주장을 듣도록 하겠습니다."

최종 변론을 위해 일기 검사 찬성 팀의 형식이가 자리에서 일어났다.

"지난 2005년, 국가 인권 위원회에서는 일기 검사가 사생활 비밀의 자유, 양심의 자유를 침해할 소지가 크므로 다른 방법으로 개선해야 한다고 밝혔습니다. 사실 이 얘기는 일기 검사가 무조건 잘못된 게 아니라 검사 방법이 잘못될 수 있다는 것이었습니다. 저희 팀은 공개와 비공개의 기준도 여기에 있다고 생각합니다. 예를 들어 강제로 일기를 쓰게 하고 선생님이 그 내용을 다른 학생들에게도 공개한다면 그것은 큰 문제라고 생각합니다. 하지만 선생님이 학생들의 상담을 위해 일기를 보는 것은 문제라고 할 수 없습니다. 또 일기 검사는 상담이나 글쓰기 시간을 따로 갖는 것보다 더 손쉽고 효율적입니다. 예를 들어 상담 시간은 매일 가질 수 없지만, 일기 쓰기는 매일매일 학생들의 상황을 파악할 수 있다는 장점이 있습니다. 이런 이유에서 저희 팀은 부모님과 선생님에게만 공개되는 일기 검사는 사생활 침해가 아니라 오히려 효과적이고 적극적인 상담 방법이라고 생각합니다."

형식이의 말이 끝나자, 민수는 떨리는 마음을 진정시키고 자리에서 일어나 최후 변론을 시작했다.

"저희 팀은 일기의 공개와 비공개의 가장 중요한 기준은 일기를 쓴 사람에게 있다고 생각합니다. 그 비밀이 정말 중요한지 아닌지를 판단하는 것도 선생님이나 부모님이 아니라 우리 자신이어야 합니다. 만약 우리가 선생님이나 부모님에게만 알리고 싶은 비밀이 있다면 일기가 아니어도 다른 방법으로 충분히 알릴 수 있습니다. 그런데 모두가 일기를 꼭 써야 하고 그 일기를 강제로 검사한다면 그것은 심각한 사생활 침해일 것입니다. 2005년 국가 인권 위원회의 의견은 바로 이러한 문제를 이야기한 것으로 생각됩니다. 또 일기 쓰기가 가지는 장점과 효과는 반드시 일기를 검사해야만 생기는 것이 아닙니다. 형식이의 말처럼 일기 검사가 매우 효과적인 방법이라 해도 그 이유 때문에 개인의 동의 없이 일기가 공개되어서는 안 된다고 생각합니다. 그래서 저희 팀은 개인의 동의를 구하지 않고 일기 내용을 보는 것은 명백한 사생활 침해라고 주장합니다."

민수는 크게 숨을 내쉬고 자리에 앉았다. 선생님은 두 팀의 마지막 주장을 꼼꼼히 듣고 마무리 발언을 했다.

"양 팀의 마지막 주장을 잘 들었습니다. 이번 토론을 통해 가장 기본적인 사생활 보호 문제에 대해 함께 고민을 나누는 시간이 되었기를 바랍니다. 일기 쓰기처럼 일상적인 일에서부터 사생활 보호 문제는 시작됩니다. 그래서 우리가 쉽게 지나치면 그 중요성을 깨닫지 못할 수도 있습니다. 앞으로 사생활 보호 문제에 대해 더 많은 관심을 기울이기 바랍니다."

아이들은 고개를 끄덕였다. 그때 지현이가 손을 들었다.

"선생님, 그럼 다음 2차 토론의 논쟁거리는 어떤 걸로 하면 좋을까요?"

"글쎄요. 여러분은 어떤 내용을 다루면 좋을 것 같나요?"

선생님의 질문에 민수가 손을 번쩍 들었다.

"저는 지난번 사건 이후 제 주변에 CCTV가 얼마나 많은지 살펴보았습니다. 생각보다 정말 많은 CCTV가 있더라고요. 그래서 저는 2차 토론에서 CCTV를 다루었으면 합니다."

아이들도 민수의 말에 동의했다.

"좋아요. 그럼 2차 토론에서는 CCTV가 사생활 침해인지에 대해 이야기해 보도록 하겠습니다."

쟁점 2.
범죄 예방 효과 있어 vs 내 사생활도 감시당할 수 있어

2차 토론 시간이 돌아왔다. 민수는 토론 준비를 하며 CCTV는 까다로운 법적 절차에 의해서만 설치할 수 있다는 사실을 알게 되었다. 여섯 명의 아이들이 팀별로 모여 어떻게 토론을 할지 상의하는 동안, 선생님이 교실 문을 열고 나타났다.

"드디어 2차 토론을 하는 날이네요. 토론 준비는 잘했나요?"

"네!"

어느 때보다 우렁찬 답변이었다.

"좋아요. 그럼 2차 토론을 시작하도록 하겠어요. 2차 토론의 논쟁거리는 CCTV가 사생활 침해인지에 대해서입니다. 우리의 일상은 CCTV로 가득합니다. 버스, 도로, 학교, 심지어 집 안에도 CCTV를 설치하곤 하니까요. 이렇게 CCTV가 흔한 만큼, 이에 대한 찬성과 반대 의견도 팽팽

합니다. 오늘 토론은 CCTV와 사생활 보호에 대해 고민하는 시간이 되길 바랍니다. 자 그럼 양 팀의 주장을 먼저 들어보겠습니다."

민수가 조용히 자리에서 일어나 CCTV 반대 팀의 주장을 펼쳤다.

"학교 같은 공공 기관에 설치된 CCTV는 과연 몇 대나 될까요? 2020년을 기준으로 130만 대가 넘는다고 합니다. 공공 기관을 제외한 곳에 설치된 것까지 따지면 그 수는 수백만 대가 넘고요."

예상보다 많은 CCTV 개수에 놀란 토론반 아이들이 웅성거렸다. 민수는 차분하게 발언을 계속했다.

"예상보다 훨씬 많죠? 그런데 이렇게 많은 CCTV가 정말 필요한 것일까요? 범죄 예방을 위해 설치된 거라지만, 문제는 범죄자도 아닌 사람들의

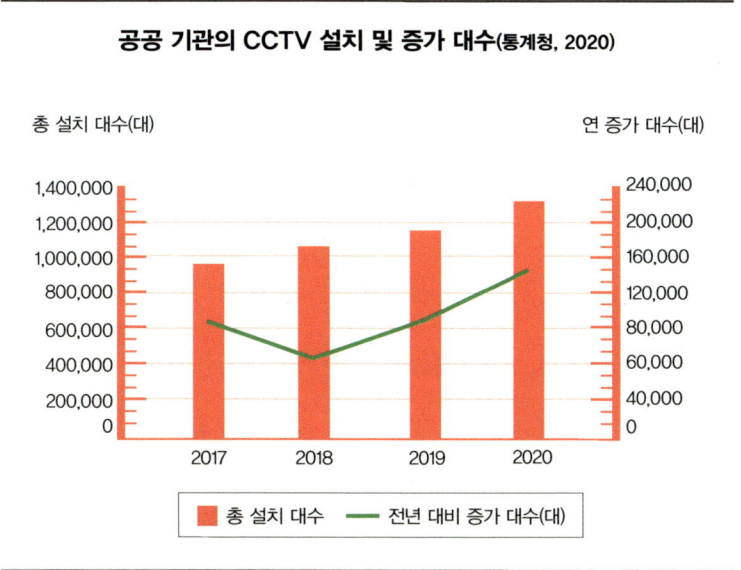

공공 기관의 CCTV 설치 및 증가 대수(통계청, 2020)

일상까지도 매일매일 CCTV에 기록된다는 거예요. 평범한 사람들의 일거수일투족까지 감시하고 기록하는 CCTV는 분명 개인의 사생활을 침해하는 것입니다. 그러므로 저희 팀은 CCTV를 더 이상 늘려서는 안 된다고 생각합니다."

반대 팀 민수의 발언에 이어 이번에는 CCTV에 찬성하는 팀의 형식이가 일어났다.

"CCTV가 자신을 감시하고 있다고 생각하면 기분 좋을 사람은 아마 한 명도 없을 거예요. 하지만 CCTV가 매우 필요한 것은 사실입니다. CCTV가 있는 곳에서는 범죄가 일어날 확률이 매우 적으니까요. 또 범행을 하는 장면을 촬영할 수 있기 때문에 범인을 잡는 데도 효과적입니다. 뉴스나 신문에서 CCTV로 범인을 잡았다는 얘기를 종종 듣곤 하잖아요? 또 CCTV는 사람들에게 심리적으로 안정감을 줍니다. CCTV가 있는 곳은 범죄 현장과 거리가 멀다는 생각 때문이죠. 결국 CCTV를 통해서 생겨나는 작은 사생활 침해를 양보한다면, CCTV는 우리 모두에게 큰 이득을 줄 것입니다."

형식이는 자신의 주장을 끝내고 난 뒤 자리에 앉았다. 선생님이 아이들을 둘러본 뒤 입을 열었다.

"CCTV에 대한 양 팀의 의견 잘 들었습니다. 민수는 CCTV가 평범한 사람들의 일상을 촬영하여 범죄자일지 모른다는 가정 하에 모두 감시한다는 점에서 CCTV를 줄여야 한다고 주장했습니다. 반대로 형식이는 CCTV의 사생활 침해는 미미하고 CCTV가 범죄를 줄이고 사람들에게

심리적 안정감을 준다는 의미에서 필요하다고 주장했습니다. 양 팀 모두 상대방의 주장을 들어 보았으니 이제 서로의 주장에 반론을 할 시간을 주도록 하겠습니다."

먼저 CCTV 반대 팀의 승아가 일어나서 반론을 제시했다.

"정말 CCTV가 범죄를 예방해 줄까요? 2020년 한국 조세 재정 연구원에 따르면 CCTV가 늘어난 만큼 범죄가 줄어드는 효과가 발생하지 않았고, CCTV 대신 보안등을 설치할 때 범죄 감소율이 높아졌다고 해요. 또 CCTV의 도움으로 범인을 잡은 경우가 많이 있었지만, 여전히 CCTV에 찍히지 않는 사각지대를 이용해서 범죄를 저지르는 일도 많아졌다고 합니다. 가장 큰 문제는 CCTV가 설치된 목적과 달리 사람들을 감시하기 위해 쓰이기도 한다는 점이에요. 실제로 운전자들의 안전을 위해 설치한 CCTV가 집회와 시위를 하는 사람들을 감시하고 촬영하는 용도로 사용되어 논란이 된 적도 있었어요. 이렇게 CCTV는 사용하는 사람에 따라 언제라도 사람들의 사생활을 훔쳐보는 감시 카메라가 될 수도 있습니다."

승아가 반론을 끝내자, 이어서 CCTV 찬성 팀의 지현이가 일어났다.

"우리나라 법에는 CCTV 설치와 관련된 것들이 엄격하게 정해져 있습니다. 사람들의 사생활을 함부로 촬영할 수 없으며, 촬영된 영상을 아무나 볼 수도 없다는 것 등이지요. CCTV가 우리의 사생활을 감시한다고 생각하지만 사실 CCTV와 관련된 법만 잘 지켜지면 사생활을 감시당할 거라는 우려는 하지 않아도 됩니다. 그러므로 CCTV가 사람들의 사생활을 일거수일투족 감시한다는 것은 지나친 생각이에요. 오히려 CCTV 개수를 늘리고 설치와 이용에 대한 법을 엄격하게 적용한다면 CCTV의 사각지대가 줄어들어서 실제로 범죄를 예방하고 범인을 잡는 데 큰 역할을 할 수 있을 거예요."

지현이의 반론 뒤에 선생님의 질문이 이어졌다.

"양 팀의 반론을 들어보니 CCTV의 문제점과 효과에 대해 서로 다르게 생각한다는 것을 알 수 있었습니다. 그럼 양 팀에게 묻겠습니다. CCTV

의 효과를 최대화하고 문제점을 최소화하는 방법에는 어떤 것이 있을까요? 각 팀별로 심도 있게 토의해서 그 해결 방법을 최종 변론 시간에 함께 답변해 주기 바랍니다."

선생님의 질문에 찬성과 반대 팀 아이들은 잠시 웅성거렸다. 토의 시간이 끝난 뒤, CCTV 반대 팀의 동찬이가 최후 변론을 위해 나섰다.

"CCTV의 문제점을 더 많은 CCTV로 해결할 수 있을까요? 최근 도난 사고를 예방하기 위해 설치한 건물의 CCTV를 누군가 해킹해서 실시간으로 사람들의 사생활을 엿볼 수 있도록 인터넷에 공개한 사건이 있었습니다. 이처럼 CCTV가 많아지면서 누군가 내 모습을 몰래 살펴보는 일이 가능해진 것입니다. 이런데도 CCTV를 계속 늘려야 할까요? 또한 CCTV는 해킹이 되지 않아도 그 설치 목적과 다르게 사용되면 감시와 통제의 도구가 될 수 있습니다. 현재 무분별하게 설치된 CCTV도 꼭 필요하다고 판단되는 것을 제외하고는 줄여 나가야 해요. 또 CCTV에 찍힌 영상을 책임자를 제외한 사람들이 볼 수 없도록 하고, CCTV 설치 목적과 다르게 사용하면 무겁게 처벌해야 한다고 생각합니다."

동찬이가 최후 변론을 끝내고 자리에 앉았다. 이윽고 찬성 팀의 윤태가 말했다.

"CCTV는 단순히 범죄 현장을 기록하는 것뿐만 아니라, 실제로 범죄를 예방하고 있어요. 최근에 나온 CCTV는 범죄를 저지르거나 교통 법규를 위반하려는 사람에게 경고를 하는 기능도 있다고 합니다. 앞으로 특정한 사람이나 특정한 번호판의 차량을 골라서 찾아내고, 움직임을 파악해 범인을 체포할 수 있는 기능도 추가될 것이고요. 즉 CCTV가 발전하면서 점점 더 범죄 예방 효과가 커진다는 말입니다. 물론 CCTV는 어떤 목적으로 사용하며 어떤 장소에 설치할 것인지를 밝혀야 해요. 촬영된 영상은 본래의 목적대로만 사용해야 하고요. 이런 것들이 잘 지켜진다면 CCTV는 사람들의 안전을 지키는 소중한 친구가 될 수 있을 것입니다."

윤태의 마지막 주장까지 모두 끝났다. 선생님은 만족스러운 미소를 지으며 정리 발언을 했다.

"양 팀의 마지막 주장까지 잘 들었습니다. 우리나라에서 CCTV 설치 및 이용을 법으로 정한 이유는 그만큼 CCTV가 사생활을 침해할 가능성이 있기 때문입니다. CCTV는 우리 생활 속에서 쉽게 지나치기 쉽습니다. 그래서 CCTV가 사람들의 사생활을 지나치게 침해해도 눈치채지 못하는 경우가 많습니다. 생활 속에서 일어나는 여러 가지 일들을 잘 살피고 CCTV 하나도 꼼꼼히 살필 수 있다면 여러분의 소중한 권리를 지킬 수 있을 것입니다."

2차 토론에 열심히 참여한 민수는 이제부터 CCTV를 보면 그냥 지나치지 말고 목적에 맞게 사용되고 있는지 살펴봐야겠다고 다짐했다.

"선생님, 그런데 혹시 사생활이 없는 사람도 있을까요?"

호기심이 많고 질문하기를 좋아하는 동찬이가 불쑥 물었다.

"정치인이나 유명한 연예인들처럼?"

지현이가 동찬이의 질문에 바로 대답했.

"에이, 아무리 유명한 사람이어도 사생활은 보호받아야지."

생각이 많고 신중한 승아다운 발언이었다. 아이들이 의견을 주고받는 모습을 지켜보던 선생님이 말했다.

"동찬이가 흥미로운 주제를 던져 주었네요. 마지막 3차 토론에서는 연예인들과 정치인들의 사생활에 대해 토론해 볼까요? 그들의 사생활도 보호받아야 하는가 하는 문제로요. 어때요?"

"네! 좋아요!"

민수와 친구들은 마지막 토론에 대해 간단히 회의를 하고 헤어졌다. 민수는 벌써부터 마지막 토론이 기다려지기 시작했다.

쟁점 3.
연예인과 정치인에겐 사생활이 없어
vs 연예인과 정치인의 사생활도 보호받아야 해

마지막 3차 토론까지 준비하면서 민수는 사생활 보장에 대해 좀 더 많은 것을 배울 수 있었다. 단순히 엄마가 일기장을 몰래 훔쳐보거나 CCTV에 자신의 모습이 찍히는 게 기분 나쁜 게 아니라, 어떤 면에서 인권을 침해당하고 있는지도 조금씩 알게 되었다.

"자, 마지막 토론도 열심히 해야지!"

민수는 자신에게 주문을 걸듯 말하고 토론반 교실 문을 열었다. 잠시 후 마지막 3차 토론이 시작되었다.

"사생활 보장과 관련된 마지막 토론인 3차 토론을 시작하겠습니다. 3차 토론의 주제는 '유명 연예인과 정치인들의 사생활은 보호받아야 하는가?'입니다. 이에 대해 양 팀의 대표 주장을 듣는 것으로 토론을 시작하겠습니다."

선생님의 말이 끝나자마자 연예인 사생활 공개에 찬성하는 팀의 지현이가 일어나서 이야기를 시작했다.

"연예인이나 정치인들을 흔히 '공인'이라고 해요. 공인은 공적인 일, 즉 사람들을 위해 일하는 사람이라는 뜻입니다. 연예인은 TV와 스크린을 통해 자신의 모습을 대중에게 보여 주는 사람이고, 정치인도 말 한 마디 한 마디가 대중에게 영향을 미치는 사람입니다. 사람들이 그들의 사생활에 관심을 갖는 것은 당연합니다. 그들의 말과 행동이 사회에 미치는 영향이 크기 때문이죠. 그들에겐 사생활도 공적인 생활의 일부입니다. 그리고 그들 스스로도 그것을 잘 알고 있습니다. 그렇기 때문에 유명 연예인이나 정치인들에겐 사생활이란 없다고 생각합니다."

지현이의 첫 번째 주장이 끝나고 연예인 사생활 공개에 반대하는 팀의 동찬이가 일어났다.

"공인이라고 해서 사생활을 보호받지 못한다는 건 말도 안 됩니다. 공인이기 이전에 자신만의 삶을 누릴 권리가 있는 보통의 사람이니까요. 언론 매체에서 비춰질 때는 공인이지만, 그 이외의 공간에서는 당연히 사생활을 보장받아야죠. 공인이라고 해서 모든 삶이 공개될 이유는 없으니까요. 공인들의 사생활에 관심을 갖는 대중이 많다고 해서 이들의 사생활도 공개돼야 한다는 주장은 공인들의 인권을 침해하는 것입니다."

양 팀의 첫 번째 주장이 모두 끝이 났다. 선생님이 일어나 말했다.

"사생활 공개에 찬성하는 팀의 지현이는 유명 연예인이나 정치인은 공인이기 때문에 그들의 행동이나 말이 공적인 공간이 아닌 곳에서도 큰 영향을 미치므로 이들의 사생활이라는 건 존재하지 않는다고 주장했습니다. 반면 반대 팀의 동찬이는 유명 연예인과 정치인은 공적인 공간에서는 공인이지만 그곳을 벗어나면 일반 사람들과 다를 게 없으므로 그들의

사생활을 보장해야 한다고 주장하고 있습니다. 그럼 이제부터 상대 팀의 주장을 잘 살펴본 뒤 반론을 준비해 주기 바랍니다."

선생님의 말이 끝나자 사생활 공개 찬성 팀의 윤태가 일어났다.

"얼마 전 미국에서 메이저 리그의 야구 구단주가 여자 친구에게 인종 차별적인 말을 했다가 큰 논란에 시달렸습니다. 공식적인 자리도 아닌 여자 친구에게 한 말이 왜 큰 문제가 되었을까요? 우리나라에서도 연예인이나 정치인들이 음주 운전을 하면 비난을 받습니다. 또 SNS에 올린 발언 때문에 이미지가 추락하는 연예인들도 많습니다. 이처럼 이들의 말과 행동은 모두 사람들의 주의를 끌게 되어 있습니다. 아무도 보지 못하는 곳에서 하는 행동이 아니라면, 이들의 삶은 모두 공적인 것입니다. 대중의 사랑과 관심을 먹고사는 공인의 사생활을 보호하는 것은 불가능합니다."

윤태가 반론을 펴고 자리에 앉았다. 이윽고 사생활 공개 반대 팀의 승아가 자리에서 일어나 반론을 시작했다.

"1997년, 영국의 다이애나 왕세자비는 자신의 사진을 찍으려는 파파라치를 피하다가 자동차 사고로 목숨을 잃고 말았습니다. 우리나라에서도 '사생팬'이라고 해서 연예인들의 사생활을 훔쳐보는 팬들 때문에 여러 가지 말이 많고요. 사생팬들은 연예인 집에 몰래 들어가서 화장실을 훔쳐보기도 하고 자는 모습을 관찰하거나 물건을 훔치는 일도 서슴없이 한다고 합니다. 이런 행동들은 정말 아무렇지 않은 것일까요? 연예인과 정치인이라고 해도 사생활을 보장받지 못하면 인간다운 삶을 살 수 없습니다."

승아의 반론이 끝나고 선생님은 아이들을 바라보며 말했다.

"양 팀의 반론을 잘 들었습니다. 그런데 양 팀에서 이야기하는 사생활의 범위가 조금 다른 것 같습니다. 여러분들은 연예인, 정치인들의 사적인 부분과 공적인 부분은 어디까지라고 생각하나요? 이를 유념해서 각각 토의를 한 뒤 최종 변론을 해 주기 바랍니다."

선생님이 말을 마치자 양 팀의 아이들은 마지막 주장을 펴기 위해 토의 시간을 가졌다. 흔히 공인으로 불리는 사람들의 사생활은 일반인과

사생팬도 팬일까?

사생팬이란 인기 연예인의 사생활을 알아내려고 밤낮 없이 연예인의 뒤를 쫓아다니며 생활하는 극성팬을 말하는 신조어이다. 아주 심한 사생팬은 연예인의 집 안까지 침입하기도 한다. 1998년에 가수 김창완은 자신을 11년간 스토킹한 사람의 존재를 언론에 알리고 법적인 처벌을 요구하기도 했다. 세계적인 팝스타 마돈나도 사생팬의 협박 편지 때문에 5년 간 괴로움에 시달렸다고 밝혔다. 이렇듯 사생팬들의 극단적인 행동은 연예인들에게 심한 정신적 고통을 주는 것으로 알려져 있다.

다를까? 아니면 같을까? 민수는 친구들과 토의를 하면서 많은 것을 생각할 수 있었다.

"자 그럼 양 팀의 마지막 주장을 들어 볼까요?"

먼저 연예인 사생활 공개에 찬성하는 팀의 형식이가 일어났다.

"사생팬들이 연예인의 집에 숨어 들어가는 것까지 참아야 한다고 생각하진 않아요. 하지만 연예인과 정치인들의 영향력을 따졌을 때, 그들의 행동과 말이 사적인 공간에서 이뤄진 것이어도 공공에게 영향을 미치는 것은 너무나도 분명합니다. 연예인들의 잘못된 행동은 그들을 좋아하는 팬들에게 충격을 안겨 줄뿐더러 잘못된 행동을 따라 하게 만들 수 있습니다. 정치인들은 그들을 선거에서 뽑아 준 국민들에게 모범적인 행동을 보여 줄 의무가 있고요. 그런 의미에서 저희 팀은 연예인과 정치인의 사생활은 다른 사람에게 영향을 주는 한 없다고 봅니다."

형식이의 주장이 끝나자 사생활 보호에 찬성하는 팀의 민수가 일어났다.

"연예인은 자신의 예술적 재능을 사람들에게 보여 주는 사람입니다. 사람들은 연예인의 다른 모습도 보고 싶어 하지만 사실 그것은 사람들의 기대일 뿐 연예인이 꼭 공개해야 하는 것은 아닙니다. 물론 정치인은 조금 다릅니다. 국민의 대표로 뽑힌 정치인들은 국민의 기대처럼 살아야 할 의무가 있습니다. 하지만 그가 법을 어기는 일을 하지 않은 이상, 누구를 만나고 어떤 것을 좋아하는지와 같은 개인적인 부분들은 철저하게 사생활이 보장되어야 한다고 생각합니다. 결국 저희 팀은 연예인이든 정치인이든 그들의 사생활은 법을 어기는 것만 아니라면 반드시 보장받아야 한다고 생각합니다."

민수가 마지막 주장을 마치자 선생님이 입을 열었다.

"사람들은 누구나 자신만의 생활을 누리고 비밀을 가질 수 있어야 합니다. 그것이 겉으로는 아주 하찮아 보일 수 있지만, 인간의 자유로운 삶에서 가장 기초가 된다는 면에서 매우 중요합니다. 우리가 다른 사람의 사생활에 대해서 뭐라고 하지 않고 그대로 존중해 주고, 그 사람이 감추고 싶은 비밀을 드러내려고 하지 않는 이유도 여기에 있습니다. 하지만 현대와 같은 정보화 사회에서는 자신만의 삶이나 비밀을 지키는 게 쉽지 않습니다. 개인 정보와 사생활이 함부로 공개될 위험이 높아졌기 때문이죠. 앞으로 정보화 사회는 더욱 심화될 것이고, 개인 정보와 사생활 보호에 대한 우리 사회의 고민은 더욱더 깊어질 것입니다. 이번 토론을 계기로 사생활 보호에 대해 좀 더 다양하고 깊은 시각을 갖게 되길 바랍니다."

　마지막 3차 토론을 다 마치고 민수와 친구들은 초등학생들의 사생활 침해 사례라는 주제로 조사를 해 보기로 했다. 그리고 우리가 알지 못하거나 그냥 지나친 사생활 침해는 없었는지를 하나하나 잘 살펴서 스스로의 권리를 지키겠다고 다짐했다.

함께 정리해 보기
사생활 보호, 어디까지 허용될까?

'사생활 감시' 찬성 팀	논쟁이 되는 문제	'사생활 감시' 반대 팀
일기장 검사는 일기 쓰는 습관을 길러 주고 학생 상담의 효과도 있으므로 사생활 침해가 아니다.	일기장 검사는 사생활 침해일까?	일기장 검사는 부모님과 선생님의 시선을 의식하게 만들어서 내 생각을 솔직히 적을 수 없으므로 사생활 침해에 속한다.
CCTV는 범죄 예방뿐만 아니라 범인을 잡는 데도 큰 역할을 하기 때문에 사생활 침해를 이유로 금지시킬 순 없다.	CCTV는 사생활 침해일까?	CCTV에는 범죄자들뿐만 아니라 보통 사람들의 사생활도 낱낱이 기록되기 때문에 명백한 사생활 침해이다.
공인들의 삶은 일반인에게 영향을 미치기 때문에 사생활도 공적인 생활의 일부이다.	연예인과 정치인의 사생활도 보호받아야 할까?	연예인이나 정치인들도 우리와 똑같은 사람이므로 그들의 사생활 역시 철저히 보호받아야 한다.

5장

평등하고 다양한 성은 가능할까?

5장에서는 성 평등과 성 다양성에 관한 쟁점을 다룹니다. 과거에는 여성이 남성에 비해 더 차별받는 사회였습니다. 하지만 지금은 여성들의 권리가 높아져서 오히려 남성들이 차별받는다고 주장하는 사람들도 있습니다. 남녀 갈등을 불러일으키는 대표적인 문제는 '군대'입니다. 현재의 법은 남성만 군대에 가도록 되어 있기 때문이죠. 또 다른 쟁점은 성 소수자 문제입니다. 이성 간의 사랑만을 정상적인 사랑이라 여기는 사람들은 동성애자들을 비정상으로 여기고 배척하기도 합니다. 사랑에 정상과 비정상이 존재할까요? 이번 토론을 통해 진정한 성 평등과 성 다양성에 대해 생각할 수 있는 기회를 가져 보기를 바랍니다.

'성 평등' 찬성 팀

승아   윤태   지현

우리는 양성평등 뿐 아니라 성 소수자들의 사랑도 존중해야 한다고 생각하는 팀이야. 우선 남자가 군대를 가는 것은 차별이라고 생각하지 않아. 국방의 의무는 단지 병역의 의무만을 말하는 게 아니라서 여성도 국방의 의무를 충분히 다하고 있기 때문이야. 그리고 여성의 권리가 늘어난 것은 사실이지만 여성에 대한 차별은 여전해. 여성들이 남성들보다 사회에서 높은 지위를 차지하지 못하는 것만 봐도 그래. 마지막으로 성 소수자에 대한 사회적 편견과 차별은 문제라고 생각해. 남과 다르다는 것 때문에 차별받을 이유는 어디에도 없기 때문이야.

'성 평등' 반대 팀

우리는 오늘날 남성이 여성보다 차별을 당하고 있고, 성 소수자의 사랑은 정상적이지 않다고 생각하는 팀이야. 남성만 군대를 가는 것은 분명히 차별이야. 남녀가 평등하기 위해서는 권리뿐 아니라 의무도 똑같이 져야 하는데, 남자만 국방의 의무를 지는 것은 불평등해. 그리고 여성 할당제나 직업 선택 등에서 남성들이 여성보다 불평등한 대접을 받는 것도 맞아. 또 동성애자나 성 소수자들은 정상적이지 못하다고 생각해. 자연스럽지 않은 모습을 보고 거부감을 갖는 걸 차별이라고 말할 수 있을까?

평등하고 다양한 성은 가능할까?

"야, 여자도 아니고 십자수가 뭐냐? 십자수가."
"맞아, 집에 가서 설거지나 해라!"
승아네 반 남자아이들이 쉬는 시간에 유현이를 놀리고 있었다. 유현이는 다른 남자아이들과는 달리 성격이 조용하고 세심해서 친구들에게 놀림받기 일쑤였다. 유현이는 늘 있는 일이라는 듯이 고개를 푹 숙이고 말없이 앉아 있었다. 승아는 선생님 심부름을 하고 오다가 이 모습을 보고 뒷문으로 들어와 버럭 소리를 질렀다.
"야! 너희 왜 유현이 괴롭히니? 얘가 뭐 잘못한 것도 없는데."
승아가 불같이 화를 내자 아이들이 주춤하며 물러났다.
"저 자식이 여자처럼 십자수를 하고 있잖아."

"다리도 꼬고 조신하게 말이야."

아이들은 쭈뼛거리면서도 한마디씩 했다. 승아는 더 화가 났다.

"뭐? 십자수는 여자만 하라는 법 있니? 너희 완전 웃긴다!"

"알았다, 알았어. 여자애가 쓸데없이 목소리만 커 가지고. 너 유현이 좋아하지?"

뒤에 있던 남자애 하나가 작은 목소리로 비웃듯이 말했다. 승아는 더 이상 참지 못하고 남자아이의 어깨를 밀쳤다.

"너 지금 뭐라고 했어?"

뒤로 물러난 아이가 쩔쩔매며 당혹스러운 표정을 지었다. 그때였다. 교실 밖을 보던 다른 아이가 황급히 소리쳤다.

"야, 선생님 오신다!"

승아는 화가 풀리지 않는다는 듯 유현이를 괴롭혔던 아이들을 째려보며 자리에 앉았다. 아이들은 자기들끼리 수군거리며 승아를 헐뜯기 시작했다.

"여자애가 힘만 더럽게 세지 않냐?"

"맞아. 승아 쟨 좀 남자 같아. 머리도 짧고."

"쟤 레즈라는 소문도 있던데?"

"맞아. 레즈다, 레즈!"

승아는 선생님 때문에 남자아이들에게 제대로 본때를 보여 주지 못해서 너무 화가 났다. 승아는 방과 후 토론반에 가서 오늘 있었던 일을 아이들에게 털어놓았다.

"정말 구제 불능이네. 남자애들은 정말 유치하고 생각이 없는 거 같아."

지현이가 승아의 마음을 이해한다는 듯 고개를 끄덕이며 말했다.

"그러게 말이야. 그런데 레즈가 무슨 뜻이니?"

승아의 질문에 지현이가 답했다.

"레즈비언을 줄여서 말하는 거야. 여성 동성애자."

"여성 동성애자?"

"응. 한마디로 여자가 여자를 좋아하는 사람들을 말해."

잠자코 듣고 있던 윤태가 말했다. 승아는 레즈비언이라는 단어가 생소하게만 느껴졌다.

"그런데 왜 그 애들이 나더러 레즈라고 한 걸까?"

"그야 네가 남자애들보다 힘이 세니까. 머리도 남자처럼 짧고."

민수는 킥킥거리다 승아의 굳은 표정을 보고 입을 다물었다.

"남자보다 힘이 세면 이상한 거야? 여자는 짧은 머리를 하면 안 되고? 그건 남녀 차별적인 생각이야."

지현이가 팔짱을 끼고 쏘아 대듯 말했다.

"남녀 차별이라니, 지현이 너 그건 좀 오버다. 그냥 그렇다는 거지. 그런 게 차별이 아니라 남자만 군대를 가는 게 더 남녀 차별 아냐?"

동찬이는 민수를 거들고 나섰다.

"흠. 나는 레즈라는 표현을 안 좋게 썼다는 것도 걸려. 동성애자는 이상한 사람들이 아니야. 이상하게 생각하는 것도 차별이지."

윤태의 말에 형식이가 고개를 저으며 말했다.

"글쎄……. 난 동성애자는 좀 이상한 사람들 같던데. 안 그래?"

"아니야! 그렇게 생각하는 게 차별이라니까?"

지현이가 파르르 떨며 말했다. 아이들은 아웅다웅 말싸움을 했다. 그때 승아가 나섰다.

"우리 이렇게 싸우지 말고 이번 토론 시간에 양성평등에 대해서 이야기해 보는 게 어떨까?"

"좋아. 그런데 양성평등은 남자와 여자 사이만 이야기하는 거니까, 성 소수자 문제도 포함시켜서 성 평등이라고 하자."

시시비비를 가리기 좋아하는 윤태가 승아의 말에 차분하게 덧붙였다.

"좋아. 그럼 토론 팀은 어떻게 정하지?"

민수의 물음에 승아가 지현이와 윤태를 번갈아 보며 말했다.

"내가 보기에 이미 팀은 정해진 것 같은데? 나랑 지현이, 윤태가 한 팀이 될 테니 너희 남녀 차별주의자들끼리 잘해 봐!"

"뭘 또 남녀 차별주의자냐? 그럼 1차 토론 논쟁거리는 뭘로 하지?"

형식이의 말에 민수가 냉큼 손을 들었다.

"군대로 하자! 남자만 군대에 가는 게 차별인가 아닌가로 말이야. 어때?"

아이들은 모두 고개를 끄덕였다. 이렇게 해서 다음 주 토론 주제가 정해졌다. 승아는 아직 모르는 것 투성이었지만 지현이, 윤태와 함께 토론을 잘 준비해서 멋지게 발표를 해야겠다고 결심했다.

쟁점 1.

남자만 군대에 가는 건 부당해
vs 국방의 의무는 병역만 있는 게 아니야

1차 토론이 시작되었다. 승아는 이번 기회에 여자를 무시하는 남자 아이들의 코를 납작하게 만들고 싶었다. 선생님이 토론 주제를 소개하며 토론이 시작되었다.

"이번 주제는 성 평등입니다. 예전에는 남녀평등이란 말이 흔했지만, 이제는 양성평등, 혹은 좀 더 폭넓게 성 평등이라는 말이 쓰이고 있죠.

성별, 성 정체성, 성적 취향 등에 대한 사회적 관심이 높아졌기 때문입니다. 새롭게 고민되는 주제인 만큼 많은 의견이 오고가기를 바랍니다. 이번 1차 토론의 토론거리는 국방의 의무를 남성만 지는 것은 차별인가 아닌가 하는 것입니다. 먼저 양 팀의 주장을 들어보도록 하겠습니다."

성 평등 반대 팀의 동찬이가 헛기침을 몇 번 하더니 자리에서 일어났다.

"남녀가 평등하다는 것은 남자와 여자 모두에게 동등한 권리와 의무를 부여해야 한다는 것을 의미합니다. 그래서 대한민국 국민이라면 누구나 국방의 의무를 져야 합니다. 하지만 유독 국방의 의무는 남자만 지고 있습니다. 여자라는 이유로 국방의 의무를 다할 책임조차 주지 않는 것은 여성의 능력을 무시하고 차별하는 것 아닐까요? 진정한 성 평등을 위해서도 저는 남자와 여자 모두 국방의 의무를 져야 한다고 생각해요."

동찬이의 발언이 끝나자 성 평등 찬성 팀의 윤태가 눈빛을 반짝이며 차분한 목소리로 발표를 시작했다.

"남녀가 평등하다는 것은 동등한 권한이 있다는 말이에요. 예를 들어서 여성이 임신을 할 수 있다고 해서 남성도 임신을 하지 않는 것을 차별이라고 할 수 있을까요? 우리나라 헌법을 보면, 국방의 의무는 단지 군대에 가는 병역의 의무만 있는 게 아니에요. 국방의 의무 안에는 군 작전에 협조할 의무, 전쟁 시 노동력 동원에 응할 의무 등도 포함돼 있더라고요. 즉, 단지 병역의 의무에서 제외되었다고 해서 여성이 국방의 의무를 지지 않는다고 말할 순 없어요. 그러므로 남자만 병역의 의무를 지는 것이 차별이라고 생각하지 않습니다."

윤태의 발언까지 끝나자 선생님이 양 팀의 주장을 정리했다.

"두 팀의 첫 번째 주장 잘 들었습니다. 동찬이는 남녀가 평등하다면 누구나 국방의 의무를 져야 하는데, 여성이 병역의 의무를 지지 않는 것은 남녀 차별이고 여성의 능력을 무시하는 것이라고 주장했습니다. 또 윤태는 병역의 의무만이 국방의 의무가 아니고 여성도 병역의 의무를 제외하고 다른 국방의 의무를 지기 때문에 차별이 아니라고 주장했습니다. 그러면 양 팀의 주장에 대해 잘 살펴본 후 각각 반론을 제기하기 바랍니다."

윤태의 발언을 주의 깊게 듣고 있던 성 평등 반대 팀의 형식이가 손을 들고 일어났다.

"윤태가 주장한 것처럼 국방의 의무에는 병역의 의무 말고도 여러 가지가 있습니다. 하지만 여성이 다른 의무를 다하고 있다고 해서 차별이 아닌 건 아니에요. 남성들은 여성이 하는 국방의 의무를 모두 하면서 더불어 병역의 의무도 다하고 있잖아요? 여성들은 병역의 의무가 없기 때문에 군대를 선택해서 갈 수 있지만, 남성들은 원하지 않아도 군대에 가야 합니다. 군대에 가지 않으면 처벌을 받고요. 치아를 일부러 빼거나 다른 방법들을 동원해서 군대를 가지 않았던 연예인들을 떠올려 보세요. 국민의 반응이 어땠나요? 우리나라에서 군대를 가지 않은 남자는 범죄자 취급을 받습니다."

아이들은 텔레비전에서 보았던 사건들을 떠올리며 웅성거렸다. 형식이는 발언을 계속했다.

"어떤 사람들은 여성이 신체적으로 남성보다 약하기 때문에 병역의 의무를 지는 것은 잘못이라고 합니다. 정말 그럴까요? 체력적인 능력에 차이가 있더라도 군대에서 여성이 할 수 있는 일이 없는 것은 아닙니다. 현재 우리나라 여군은 만 2천 명이 넘습니다. 정도입니다. 이는 기본적으로 군대에서 여성이 충분히 제 역할을 하고 있다는 것을 증명합니다."

윤태의 이야기가 끝나자 이번엔 성 평등 찬성 팀의 지현이가 일어나서 반론을 시작했다.

"병역의 의무를 남성만 지는 게 정말 차별의 문제일까요? 저는 현실적인 한계 때문에 생겨난 문제라고 생각해요. 여성도 군대를 가게 하려면 여군을 위한 시설을 새로 지어야 해요. 이는 국가 경제에 큰 부담을 줄 거고요. 이렇게 현실적으로 여성이 군대를 가기 위한 시설도 마련되지 않은 상태인데 여성들은 지금까지 군대에 가지 않는다는 이유로 많은 차별을 받아온 게 사실이에요. 이번 토론을 준비하며 알게 된 건데, 2000년도 전까지는 '군 가산점 제도'라는 게 있었다고 하더라고요. 군대를 다녀온 남성들이 취업에서 유리하도록 도와주는 제도였죠. 이 제도가 차별이라는 이유로 폐지된 것만 봐도, 남자만 군대를 가는 게 단지 차별의 문제가 아니라는 것을 보여 줍니다. 남자들만 군대에 갈 수 있는 사회 구조는 여성이 원해서 만든 것이 아니니까요."

양 팀의 반론이 끝나고 선생님이 말했다.

"형식이와 지현이의 반론 잘 들었습니다. 양 팀은 서로 관점이 다르지만 모두 현재의 병역 제도가 차별을 조장한다는 것에는 동의하는 것 같습니다. 그렇다면 지금보다 더 평등하게 국방의 의무를 이행할 수 있도록 하기

군 가산점 제도

군대에 갔다 온 남성의 군 복무 기간을 보상해 주기 위해 공무원 시험 등에 응시할 때 3~5퍼센트의 추가 점수를 받을 수 있도록 한 제도이다. 이 제도는 1999년까지 유지되었는데, 군대에 가지 않아서 시험에서 불리해진 장애인과 여성들의 반대 등으로 폐지되었다. 당시 헌법 재판소는 모든 사람이 평등하다는 헌법 11조와 헌법 32조 여성 근로의 보호, 헌법 25조 모든 국민이 공무원이 될 기회를 부여하는 공무 담임권 보장 등의 헌법을 위반한 제도라고 밝혔다.

위해서는 어떤 것들이 필요할까요? 양 팀의 입장에서 서로 토의해 보고 마지막 주장 때 발표해 주세요."

선생님의 질문에 양 팀은 다시 토의를 시작했다. 승아도 단지 군대에 가고 안 가고의 문제보다 좀 더 심도 있게 이번 토론거리를 생각해 보기로 했다. 20여 분의 토의가 끝나고 양 팀은 최종 변론을 시작했다. 먼저 성 평등 반대 팀의 민수가 일어났다.

"남녀 모두가 평등하게 국방의 의무를 수행하려면 여성도 군대에 갈 수 있도록 법을 고쳐야 한다고 생각합니다. 지금껏 군대는 남성이 가는 곳이라는 생각 때문에 군대 문화도 남성 중심으로 이루어져 있었습니다. 이제 이런 문화도 바꿔야 합니다. 물론 시간이 오래 걸릴 수도 있습니다. 하지만 단계적으로 예산을 더 늘리고 남녀가 함께 생활할 수 있는 군대를 만든다면 여성도 군대에 가지 않는다는 이유로 차별받거나 무시당하지 않을 수 있고, 대한민국 국민으로서 그에 걸맞은 권리를 보장받을 수 있을 것입니다."

민수의 최종 변론이 끝나자 성 평등 찬성 팀의 승아가 일어났다.

"병역의 의무는 국방의 의무의 한 부분에 불과합니다. 그런데 병역의 의무를 국방의 의무 전체로 생각하는 것은 문제라고 생각합니다. 세계 대부분의 나라에서는 군대에 가는 것이 의무가 아닙니다. 저희 팀은 남녀가 동등하게 국방의 의무를 다하기 위해서는 강제로 군대에 가는 제도를 고쳐서 원하는 사람들만 군대에 가는 제도로 바꿔야 한다고 생각합니다. 그리고 남성과 여성의 대체 복무제가 도입되는 것도 필요하다고 봅니다. 이를 위해서는 군대 안에서 여성이 차별받지 않도록 하는 제도와 시설들을 미리 만들어야 할 것입니다. 이렇게 된다면 군대를 안 간다는 이유로 여성이 차별받는 사회 분위기도 사라질 것입니다."

승아는 모든 주장을 마치고 자리에 앉았다. 지난주부터 열심히 조사해 온 것을 이야기 할 수 있어서 왠지 뿌듯했다. 선생님의 말이 이어졌다.

"두 팀의 마지막 주장을 잘 들었습니다. 군대와 관련된 남녀 차별 논란은 최근에도 계속되어 온 논란 중 하나입니다. 사실 이 문제가 해결되기 위해서는 군대 내에 여전한 남녀 차별 의식이나 여성 차별 문제가 먼저 해결되어야 합니다. 양 팀에서 이야기한 것처럼 여러 가지 방법들이 시도될 수 있다면 병역 문제에 대한 논쟁도 어느 정도 해결되지 않을까요? 그럼 다음 2차 토론 주제를 정해 봅시다."

늘 새로운 토론거리를 제시하는 민수가 이번에도 손을 번쩍 들었다.

"그런데 선생님, 저는 우리 사회에서 여성에 대한 차별보다 남성에 대한 차별이 더 심하다고 생각하는데 선생님은 어떻게 생각하세요?"

"말도 안 돼! 남자가 무슨 차별을 받는다고 그래?"

지현이가 발끈해서 말했다. 선생님은 웃으며 대답했다.

"좋아요. 그럼 민수의 말이 옳은지 아닌지 토론해 보면 어떨까요? 2차 토론에서는 오늘날 남성이 더 차별받는지 아니면 여성 차별이 여전한지에 대해 의견을 나눠 보도록 하겠습니다."

선생님의 제안에 아이들은 모두 동의했다.

쟁점 2.
지금은 남자가 더 차별받는 사회야 vs 여성 차별은 여전해

　2차 토론 시간이 되었다. 승아는 2차 토론을 준비하면서 여성에 대한 차별뿐 아니라 남성에 대한 차별은 어떤 것이 있는지도 곰곰이 살펴보았다.
　"지금부터 성 평등을 주제로 2차 토론을 시작하도록 하겠습니다. 토론거리는 현재 우리 사회가 남성이 더 차별받는 사회인지, 아니면 여전히 여성 차별이 심한 사회인지 하는 것입니다. 먼저 각 팀의 대표 주장부터 들어보겠습니다."
　성 평등 반대 팀의 민수가 먼저 일어났다.
　"현재 우리 사회는 여성 차별보다는 오히려 남성에 대한 차별이 더 심하다고 생각합니다. 직업을 예로 들어 볼게요. 버스 기사, 건축가, 군인처럼 남성들만의 영역으로 여겨지던 직업에도 여성들이 진출하고 있습니다. 하지만 여성만의 직업으로 여겨졌던 간호사와 유치원 교사 등은 여전히 여성만 뽑는 게 일반적입니다. 뿐만 아니라 우리나라는 '여성 할당제'라고 해서 입사 시험이나 승진, 국회 의원 선출 등에서도 반드시 여성을 일정 비율 이상 포함시키도록 법으로 정하고 있습니다. 이런 제도 때문에 남녀가 동등하게 경쟁하지 못한다면, 이런 걸 양성평등이라고 할 수 있을까요? 이제 여성만을 위한 정책은 사라져야 한다고 생각합니다."
　민수의 주장이 끝나고 성 평등 찬성 팀의 지현이가 일어났다. 지현이는 승아 못지않게 이번 토론을 꼼꼼하게 준비했다. 황금 같은 주말도 도서

관에서 책을 찾아보며 보냈다. 지현이는 숨을 고르고 발표를 시작했다.

"저는 이번 토론을 준비하면서 '유리 천장'이라는 말을 새롭게 알게 되었어요. 유리로 만든 천장처럼, 눈에는 보이지 않지만 사람들이 더 높은 지위에 올라가지 못하는 상황을 이야기한다고 해요. 민수 말처럼 사회 각 분야에서 활동하는 여성들이 많아지면서 우리나라에서 남녀 차별이 거의 사라졌다고 생각하는 사람들도 많습니다. 하지만 현실은 그렇지 않아요. 유리 천장처럼 눈에 보이지 않는 여성 차별은 여전하지요. 우리나라 국회 의원 중에서 여성의 비율은 채 20퍼센트가 안 됩니다. 또 현재 우리나라의 여성 CEO는 전체의 6퍼센트도 되지 않습니다. 제대로 된 양성평등이 이루어졌다면 이래선 안 되는 거겠죠? 법이나 제도는 많이 바뀌었을지 모르지만, 우리 사회는 여전히 여성을 차별하는 분위기가 깔려 있습니다."

남녀 차별 문제는 성별에 따라 입장이 바뀔 수 밖에 없는 문제였다. 민수와 지현이의 날카로운 발언을 듣고 있던 선생님이 정리에 나섰다.

"두 팀의 주장 모두 잘 들었어요. 성 평등 반대 팀의 민수는 오늘날 우리나라는 남녀 차별이 거의 없고 오히려 여성 할당제 등의 제도를 통해 남자들이 차별을 받고 있다고 주장했습니다. 반면 성 평등 찬성 팀의 지현이는 제도적인 남녀 차별은 거의 없어졌지만, 더 높은 지위로 올라가는 여성들이 거의 없는 것으로 보아 보이지 않는 차별은 여전히 존재한다고 주장했고요. 양 팀의 주장을 잘 살펴보고 반론을 하도록 하세요."

성 평등 반대 팀의 형식이는 잠시 생각을 하더니 조용히 손을 들고 선생님의 눈짓으로 발언 기회를 얻었다.

"법이나 제도로 여성이 차별받지 않도록 보호해 주고 있는데, 여성이 높은 지위에 올라가지 못하는 이유가 뭘까요? 정말 지현이의 말대로 유리 천장 같은 보이지 않는 장벽이 있기 때문일까요? 2009년, 한국 심리학회에서 우리나라 성인을 대상으로 직업에 대한 성취도와 행복감을 느끼

남녀 성비 불균형 직업(통계청, 2021)

직업	남성	여성
건설업	96퍼센트	4퍼센트
운수업	98퍼센트	2퍼센트
유치원 교사	0퍼센트	100퍼센트
간호사	5퍼센트	95퍼센트

건설업이나 운수업에 종사하는 사람들은 남성이 압도적으로 많은 반면, 유치원 선생님이나 초등학교 선생님 등 교육에 종사하는 사람들과 간호사, 사회복지사 등 보건업 및 사회복지 서비스업에 종사하는 사람은 여성이 압도적으로 많은 것으로 나타났다.

는 정도를 조사했다고 해요. 그런데 남성의 직업 성취도가 여성에 비해 43퍼센트나 높았다고 합니다. 즉, 남성이 여성보다 직업을 통한 성취 욕구가 강하다는 거죠. 그렇다면 남성 중에서 높은 지위에 오르는 사람들이 많은 것이 당연한 게 아닐까요? 법으로 충분히 평등을 보장받고 있으면서 여성들이 차별받는다고 주장하는 건 좀 아닌 것 같습니다."

형식이의 발언에 승아와 지현이가 도끼눈을 떴다. 특히 승아는 "여자가 남자보다 성취 욕구가 낮다고?" 하며 씩씩거렸다. 성 평등 찬성 팀의 윤태가 승아와 지현이를 진정시키며 자리에서 일어나 반론을 시작했다.

"차별이라고 단정 내리려면 역사적으로 존재했고, 또 많은 피해가 증명된 것이어야 한다고 생각합니다. 여성이 받아온 차별이 바로 그렇습니다.

여성은 오랫동안 정치에 참여할 수 없었고 교육을 제대로 받을 수도 없었으며, 직업을 구하기도 어려웠습니다. 그렇다면 남성 차별은 역사적으로 오랫동안 존재했을까요? 그렇지 않습니다. 여성 할당제 등이 남성을 차별하는 것처럼 보일 수도 있지만, 저는 지금까지 여성들이 받아 온 차별에 비할 건 아니라고 생각해요. 그리고 유치원 교사나 간호사로 여성을 선호하는 게 남성 차별일까요? 반대로 보면 '여성들은 이런 일밖에 못해.'라고 생각해서 여성들만 고용하는 것일 수도 있습니다. 법과 제도만 따지지 말고, 눈에 보이지 않는 '차별적인 생각'도 염두에 두었으면 합니다."

윤태가 반론을 마치고 자리에 앉았다. 같은 팀의 지현이와 승아는 속이 시원하다는 듯 작게 손뼉을 치며 윤태를 향해 엄지손가락을 들어 보였다. 선생님은 아이들을 조용히 시킨 뒤 말문을 열었다.

"형식이와 윤태의 반론 잘 들었습니다. 두 팀의 입장 차이가 아주 명확한데요. 그러면 최종 변론 전에 한 가지 질문을 던지겠습니다. 두 팀이 생각하는 양성평등의 방법에는 어떤 것이 있을까요? 잠시 논의한 뒤에 최종 변론 시간에 함께 발표해 주기 바랍니다."

성 평등 찬성 팀과 성 평등 반대 팀은 각자 의견을 나누는 시간을 가졌다. 반대 팀의 동찬이가 먼저 생각을 정리한 듯했다.

"지난 2012년, 국가 인권 위원회는 어느 도시에서 여성 전용 도서관을 만든 것은 남성 차별이라는 의견을 냈습니다. 여성과 남성이 평등하기 위해서는 여성 전용 시설이나 여성 할당제 같은 제도가 없어져야 합니다. 이러한 제도나 시설이 있음으로 해서 오히려 여성은 약한 존재라는 인식이 생겨나니까요. 저희 팀은 결국 이러한 인식이 여성을 차별적으로 대하게 만들고, 더 나아가 오히려 남성 차별을 조장한다고 생각해요. 지금까지 여성이 오랫동안 차별받아 온 것은 사실입니다. 하지만 현재는 그렇지 않으며, 남성들이 설 자리까지 빼앗으면서 여성들의 권리만을 주장하는 것은 옳지 않다고 생각합니다."

　동찬이의 최후 변론이 끝났다. 성 평등 찬성 팀의 승아는 크게 숨을 내쉰 뒤 일어섰다.

　"아직 우리 사회에서 여성을 차별하는 문화는 여전합니다. 신문 기사만 봐도 알 수 있죠. 운전을 못하는 운전자들 기사에는 꼭 '김여사 운전 중?'이란 말이 붙습니다. 여성이 운전을 못한다는 편견이 있기 때문입니다. 남성들은 '유리 천장'이 없다고 하지만, 사실 여성에 대한 이런 보이지 않는 차별과 편견은 계속되고 있습니다. 이를 해결하려면 더 많은 여성이 사회에서 자기 역할을 할 수 있어야 합니다. 그런 의미에서 양성평등을 위해서라도 여성 할당제 등의 정책은 계속되어야 합니다."

　승아가 또박또박 주장을 말하고 자리에 앉았다. 선생님은 아이들을 둘러보며 말했다.

　"양 팀의 마지막 주장까지 잘 들었습니다. 우리나라에서 양성평등에 대한 목소리가 높아지기 시작한 것은 그리 오래되지 않았습니다. 최근 들어 여러 가지 제도가 마련되었지만 아직 여러 가지 해결해야 할 문제들이 많이 남아 있습니다. 남녀가 평등하지 못한 사회는 여성뿐만 아니라 남성에게도 불행한 사회라고 합니다. 여성에 대한 차별과 더불어 남성에게는 과

도한 기대나 책임을 요구하기 때문입니다. 이것이 결국 남성에 대한 차별로 이어지게 되는 건 아닐까요? 남성과 여성이 모두 평등하게 살아가기 위해서는 제도와 법도 중요하지만 우리의 생각도 변해야 합니다."

아이들은 모두 조용히 고개를 끄덕였다. 그때 형식이가 손을 들고 질문을 했다.

"선생님, 마지막 3차 토론은 어떤 내용으로 하면 좋을까요?"

"글쎄요. 어떤 내용이 좋을까?"

"선생님, 다음 토론에서는 동성애자와 성 소수자에 대한 이야기를 나눴으면 좋겠어요."

승아의 말에 선생님은 무릎을 살짝 쳤다.

"네. 성 소수자 문제도 입장이 나뉠 수 있죠. 다음 토론도 기대할게요."

모든 토론이 끝나고 승아는 남녀가 평등한 세상을 위해 스스로 할 수 있는 일이 무엇인지 생각해 보았다. 결국 평등한 세상은 다른 누군가가 아닌 우리 스스로가 만들어 가야 한다는 것을 깨달았기 때문이다.

쟁점 3.
동성애는 정상이 아니야 vs 사랑에 정상과 비정상은 없어

마지막 3차 토론 시간이 다가왔다. 승아는 성 소수자에 대해 잘 알지 못했기 때문에 여러 가지 자료들을 찾아봐야 했다. 그리고 자료를 찾아보면서 그동안 성 소수자에 대해 잘 알지도 못하면서 편견에 빠져 있었다는 사실도 알게 되었다. 이번 토론에서는 자신처럼 편견에 빠져 있는 친구들에게 제대로 된 정보를 알려 주고 싶었다.

토론반에 들어서니 3차 토론을 준비하느라 양 팀의 친구들이 이미 다 모여 있었다. 승아도 같은 팀 친구들과 마지막 토론을 잘 끝내기 위해 토의를 계속했다. 이윽고 선생님의 등장과 동시에 3차 토론이 시작되었다.

"지금까지 군대와 남녀 차별이라는 주제로 두 차례 토론을 했습니다.

마지막 3차 토론에서는 성 소수자에 대한 사회적 차별은 타당한가에 대해 이야기해 보도록 하겠습니다. 그럼 먼저 첫 번째 주장을 시작해 주세요."

성 평등 반대 팀의 동찬이가 첫 번째 주자로 나섰다.

"저희 팀은 대부분의 사람들이 동의하는 것이 자연스러운 것이라고 생각합니다. 남자와 여자가 사랑을 하는 게 자연스러운 거죠. 다른 생물들도 마찬가지고요. 그런데 동성애는 자연스럽지 못합니다. 게다가 동성애는 에이즈 같은 무시무시한 질병의 원인이기도 합니다. 사람들이 이러한 동성애에 거부감을 갖는 것을 차별이라고 할 순 없습니다. 이상입니다."

동찬이의 짧은 발언 뒤에 곧바로 성 평등 찬성 팀의 지현이가 일어났다.

"우리나라 전체 인구의 5~15퍼센트 사이의 사람들이 성 소수자라고 해요. 이들은 다른 사람에게 어떠한 피해를 주거나 범죄를 저지르지도 않았는데 단지 성 소수자라는 이유만으로 차별을 받고 있어요. 자신이 동성애자라는 것을 밝히고 나서 학교나 직장에서 왕따를 당하거나 쫓겨나는 사람들도 있고, 가족들에 의해 강제로 정신 병원에 입원하는 사람도 있습니다. 사람은 생김새가 다르고 성격도 다르듯이 저마다 가지고 있는 취향도 다릅니다. 남들과 좋아하는 대상이 다르다는 이유로 차별받을 이유는 어디에도 없습니다."

지현이의 주장이 끝나자 선생님이 토론 내용을 정리해 주었다.

"양 팀의 주장을 잘 들었습니다. 동찬이는 성 소수자는 자연스럽지 않고 에이즈와 같은 질병의 원인이 되기도 하므로 사람들이 거부감을 갖는 것은 차별이 아니라고 주장했습니다. 반면 지현이는 사람들이 서로 다르듯이 좋아하는 대상이 다르다는 이유로 동성애자를 차별하는 것은 옳지 않다고 주장했습니다. 그럼 이제 양 팀에서 첫 번째 주장에 대한 반론을 펴 주기 바랍니다."

성 평등 반대 팀의 형식이가 반론을 시작했다.

"세상 사람들의 생각이나 취향은 모두 다릅니다. 그런데 사람들이 서로 다르다는 이유로 모든 것을 존중해야 할까요? 사람들은 사회가 정한 일반적인 틀 속에서 살아가는 게 당연합니다. 대다수의 사람이 동의하지

못하는 것을 주장하다 보면 그 사회에서 배척당하는 것은 어쩔 수 없는 일이 아닐까요? 성 소수자라는 이유로 폭력을 행사하거나 왕따를 시키는 것은 잘못이지만, 성 소수자에 대해 거부감이 드는 것마저 잘못되었다고 말할 수는 없습니다. 그것 또한 자연스러운 반응이니까요."

형식이의 발언을 들으며 고개를 절레절레 젓고 있던 윤태가 찬성 팀을 대표해서 일어났다.

"성 소수자에 대해 거부감을 느끼는 사람들의 대부분은 '성 소수자는 자연스럽지 못하다, 성 소수자를 통해 에이즈 같은 질병이 생길 수 있다, 성 소수자는 교육이나 치료를 통해 바뀔 수 있다.'라고 말합니다. 그런데 이 말들은 정확한 근거가 있는 것일까요? 사실 성 소수자는 최근에 등장한 게 아닙니다. 고대 그리스부터 성 소수자는 항상 비슷한 비율로 존재해 왔다고 해요. 사람뿐만 아니라 동물들 중에서도 동성애를 하는 동물들이 있고요. 이는 동성애가 다른 생물들에게도 기본적으로 나타나는 현상이라는 말입니다."

성 평등 반대 팀 아이들은 동성애를 하는 동물들이 있다는 대목에서 놀란 표정을 지었다. "정말?", "말도 안 돼." 하는 반응이 들렸다. 윤태는 발언을 계속했다.

"에이즈 역시 걸리면 무조건 죽는 병도 아닐뿐더러 동성애자들만 걸리는 병도 아니에요. 그런데도 왜 이런 편견이 있는 것일까요? 나와 다른 생각이나 취향을 가진 사람은 무조건 배척해야 한다는 생각 때문일 거예요. 저희 팀은 성 소수자에게 폭력을 가하고 왕따를 시키는 것뿐만 아니라, 자신과 다르다고 배척하고 거부하는 말과 행동도 명백한 차별이라고 생각합니다."

윤태의 반론이 끝나고 선생님이 입을 열었다.

"지금까지 잘 들었습니다. 두 팀의 주장을 보니 성 소수자에게 폭력을 행사하거나 집단 따돌림을 시키는 것이 잘못됐다는 것에는 동의하나, 성 소수자를 인정하고 공감하느냐의 문제는 많이 다른 것 같습니다. 그럼 최종 변론을 하기 전에 선생님이 한 가지 질문을 하겠습니다. 최근 우리나라에서 공개적으로 동성애자 결혼식이 있었습니다. 그런데 혼인 신고는 접수되지 않았습니다. 양 팀은 동성애자들이 결혼하고 가족을 이루는 것에 대해서는 어떤 생각을 가지고 있나요? 마지막 의견 정리와 함께 답변해 주기 바랍니다."

의견 정리 시간을 가진 뒤 성 평등 반대 팀의 민수가 먼저 일어났다.

"성 소수자들이 자신의 취향에 따라 행동하는 것은 문제가 아닙니다. 하지만 자신의 모습을 공개적으로 드러내면서 다른 사람들에게 거부감을 들게 하는 것은 문제라고 생각합니다. 공개적으로 결혼식을 올리고 혼인 신고를 하는 것도 바로 그런 것이라고 생각합니다. 외국에서는 동성애자의 결혼을 허용하는 경우도 많다고 하지만 우리나라는 사정이 달라요. 성 소수자는 여전히 낯설고 거부감이 드는 존재입니다. 그래서 저희 팀은 동성애자의 결혼이 우리나라 대부분의 사람에게 인정받기 위해서는 더 많은 시간이 필요하다고 생각합니다. 그 전에 성 소수자에 대한 거부감이나 결혼 반대는 어쩔 수 없는 일이라고 생각합니다."

민수의 마지막 주장이 끝나고 승아가 일어섰다.

"우리나라 민법에는 동성 간의 결혼을 금지하는 조항이 없습니다. 게다가 혼인은 신고를 하면 되지 누가 허가를 해 주는 게 아니에요. 그런데도 혼인 신고를 접수시키지 않는 것은 명백한 차별 아닐까요? 사랑하는 사람과 결혼하고 가족을 이루는 것은 누구나 누릴 수 있는 권리잖아요. 우리나라 같이 성 소수자에 대한 차별이 많은 사회에서 공개적으로 결혼식을 치르는 것은 쉽지 않은 일입니다. 이런 상황에서 성 소수자들이 결혼식을 한 것은 자신들 스스로 다른 이성애자들과 함께 살아가는 존재임을 드러내지 않으면 아무도 그들을 인정해 주지 않기 때문입니다. 성 소수자들이 어떠한 차별도 없는 세상에서 함께 살아갈 수 있도록 차별과 혐오를 멈추고 지지해 주어야 하지 않을까요?"

국내 동성 결혼 사례

2013년, 영화감독인 김조광수 감독과 영화 제작자 김승환 씨가 공개적으로 결혼식을 올렸다. 동성 결혼을 인정한 나라로는 네덜란드·벨기에·캐나다·스페인·노르웨이·영국 등이 있으며 프랑스는 동성 커플을 인정하는 시민 연대 협약을 통과시켰다. 미국은 많은 주에서 동성 결혼을 합법화했으며, 미연방 정부는 동성 결혼을 인정하고 있다. 반면 사우디아라비아, 이란, 러시아 등의 나라에서는 동성 결혼을 금지하고 있다. 우리나라는 동성 결혼에 대한 법적 조항은 없으나, 현재 동성 간의 혼인 신고 신청은 받아들여지지 않은 상태다.

승아가 마지막 주장을 하고 자리에 앉았다. 선생님은 아이들을 둘러보며 말했다.

"마지막까지 진지한 자세로 토론에 임해 주어서 고마워요. 남성과 여성 그리고 성 소수자에 대한 이야기를 하면서 여러분은 어떤 생각을 했나요? 성 평등이란 말은 쉽지만 그것을 위해 변화되어야 할 것들은 아직 많습니다. 이번 성 평등을 주제로 한 토론을 통해 '원래 그런 거니까'라는 말보다 '정말 그게 맞을까?'라고 되물으며 자신의 생각을 정리할 수 있는 시간이 되었기를 바랍니다. 모두 수고 많았어요."

선생님이 칭찬에 기분이 좋아진 아이들은 서로를 보며 손뼉을 쳤다. 승아는 앞으로 양성평등이나 성 소수자와 관련된 공부를 더 많이 해 보고 싶다는 생각이 들었다. 많이 알수록 편견보다는 이해와 공감이 더 많아질 거라는 기대와 희망을 품고 말이다.

함께 정리해 보기
다양하고 평등한 성은 가능할까?

'성 평등' 찬성 팀	논쟁이 되는 문제	'성 평등' 반대 팀
국방의 의무는 단순히 병역의 의무만 있는 것이 아니므로 여성도 국방의 의무를 다하고 있다.	남자만 군대를 가는 것은 남녀 차별일까?	남녀가 평등하기 위해서는 권리뿐 아니라 의무도 똑같이 져야 하므로, 남자만 군대에 가는 것은 남녀 차별이다.
여성의 권리가 늘어난 것은 사실이지만 여성에 대한 차별은 여전하다.	지금 우리 사회는 남성과 여성 중 누가 더 차별받는 사회일까?	여성 할당제나 직업 선택 등에서 남성이 여성보다 불평등한 사회라고 볼 수 있다.
남과 다른 모습을 하고, 다른 사랑을 한다는 것 때문에 차별받을 이유는 어디에도 없다.	동성애를 비정상으로 보는 것은 차별일까?	일반적이지 않은 모습을 보고 거부감을 갖는 걸 차별이라고 할 순 없다.

6장

이주민은 대한민국 국민일까?

6장에서는 이주민들의 현실에 대한 쟁점을 다룹니다. 이주민들이 차별을 당하는 이유 중 하나는 우리나라 사람들의 머릿속에 '대한민국은 단일 민족 국가'라는 생각이 뿌리 깊게 자리 잡고 있기 때문입니다. 또 이주민의 문화를 그대로 받아들이는 것보다 이주민이 우리 문화에 빨리 적응하는 것이 더 잘살 수 있는 방법이라 생각하기도 합니다. 이주민들의 정치 참여 또한 뜨거운 감자입니다. 국적과 상관없이 이주민들도 정치에 참여할 수 있게 해야 하는 것일까요? 이번 토론을 통해 인권 사각지대에 놓인 이주민들의 인권에 대해 생각해 보기 바랍니다.

'이주민 인권 보장' 찬성 팀

형식　　　지현　　　윤태

우리는 이주민의 인권을 충분히 보장해야 한다고 생각하는 팀이야. 이 세상에 단일 민족 국가는 없다고 생각해. 우리나라도 여러 민족이 모여서 형성된 국가이기 때문이야. 또 우리나라에 살더라도 이주민이 고유의 문화를 누릴 수 있도록 해야 해. 우리나라의 문화가 소중한 만큼 이주민의 문화도 소중하기 때문이야. 마지막으로 이주민도 정치에 참여할 수 있어야 한다고 생각해. 우리나라에 사는 이주민은 한국의 정치와 제도에 영향을 받기 때문에 자신들의 목소리를 내기 위해서도 정치 참여의 권리가 보장되어야 해.

'이주민 인권 보장' 반대 팀

민수 동찬 승아

우리는 이주민의 무조건적인 인권 보장에는 반대하는 팀이야. 우선 우리나라는 단일 민족 국가라고 생각해. 우리나라는 5천 년 동안 민족의 고유한 문화를 유지하면서 발달시켜 온 민족이기 때문이야. 또 한국에 사는 이주민들에게 가장 필요한 것은 우리 문화에 빨리 적응하는 것이야. 한국 문화를 빨리 이해하고 적응해야 우리나라에서 더 잘 생활할 수 있을 테니까. 마지막으로 이주민은 우리나라 국적을 가지고 있지 않고 국민으로서의 의무를 다하지 않으니까 우리나라 정치에 참여할 권리는 보장되지 않아도 된다고 생각해.

이주민은 대한민국 국민일까?

　가스 형이 사라졌다. 마치 신기루처럼……. 태권도 도장에서 태권도를 가장 잘했던 가스 형. 형식이는 자신을 친동생처럼 대해 준 가스 형이 어느 날 아무 말도 없이 사라진 것이 도저히 이해되지 않았다. 한참 뒤 형식이는 가스 형이 외국인 미등록자라는 이유로 고향인 몽골로 강제 추방당했다는 사실을 알게 되었다.

　가스 형은 초등학교 때 부모님을 따라 몽골에서 한국으로 왔다. 처음엔 적응하는 게 어려웠지만 열심히 노력해서 한국어도 유창하게 하게 되었고 태권도도 잘했다. 가스 형은 한국이 좋다고 했다. 형식이에게 항상 한국에서 태권도장을 운영하는 것이 꿈이라고 말했다. 하지만 가스 형의 꿈은 하루아침에 물거품이 되고 말았다.

 가스 형은 왜 죄인처럼 한국에서 쫓겨난 것일까? 한국을 누구보다 좋아했던 가스 형은 왜 한국에 살지 못하는 것일까?
 "형식이 표정이 안 좋은데, 무슨 일 있나요?"
 토론반 선생님이 평소 모습과 다른 형식이를 보며 걱정스럽게 물었다. 형식이는 잠시 머뭇거리다가 떠듬떠듬 이야기를 꺼내 놓았다.
 "너무해. 외국에서 일하러 온 사람들은 사람도 아닌가? 그렇게 강제 추방시켜 버리면 어떻게 해."

성격이 불같은 지현이가 형식의 이야기를 듣고 흥분해서 외쳤다.
"하지만 불법 체류라서 추방된 건 어쩔 수 없는 거 아니야?"
옆에 있던 민수가 심각한 표정으로 물었다. 형식이는 발끈했다.
"불법이라니? 가스 형이 무슨 잘못이라도 저질렀다는 말이야?"
"형식이 말이 맞아. 불법이 아니라 '미등록'이라고 해야지. 그리고 아무리 미등록이라 해도 아직 학생인데, 강제 추방은 너무 심한 것 같아."
윤태가 차분한 목소리로 말했다.
"하지만 난 외국 사람들이 우리나라에 오는 건 별로 마음에 안 들어. 지하철 같은 데서 보면 사실 좀 무서운 생각도 들고."
승아가 겁먹은 표정으로 말했다. 동찬이가 맞장구를 쳤다.
"맞아, 우리나라는 단일 민족 국가인데 그런 사람들이 많아지면 우리나라만의 정통성도 없어지는 거 아냐?"
"우리나라가 정말 단일 민족 국가고 고유한 문화만 있다고 생각해?"
지현이가 동찬이의 말에 반박하고 나섰다. 이때 선생님이 끼어들었다.
"가스 형 일은 선생님도 안타깝군요. 우리가 할 수 있는 일을 찾아보도록 해요."
선생님의 말에 형식이는 고개를 끄덕였다. 선생님은 계속해서 말했다.
"그리고 이번 토론 주제를 '이주민은 대한민국 국민일까?'로 해 보면 어떨까요? 요즘 들어 다른 나라에서 우리나라로 일하러 온 사람들도 많아졌고 국제결혼을 통해 우리나라에서 함께 살아가는 외국인들도 많아졌으니까요. 그런데 이주민들 중에서는 한국 국적을 가진 사람도 있고 그렇지 않은 사람도 있습니다. 한국 국적을 가지고 있는 사람들 중에도 외국인으로 취급받는 사람들도 있고 말이죠. 어떤 과격한 사람들은 이주민들이 모두 추방되어야 한다고 주장하기도 해요. 여러분 생각은 어떤가요?"

"에이, 그런 말도 안 되는 말에 누가 동의해요."

승아의 말에 모두 고개를 끄덕였다.

"그래요, 여러분들은 그렇게 생각 안 하지만 이주민 문제는 여러 가지 논쟁거리가 많습니다. 이번 토론 주제를 준비해 보면서 상반된 입장을 두루 이해할 수 있을 거예요. 어때요, 이번 토론 주제 괜찮나요?"

"네!"

아이들이 한목소리로 대답했다. 형식이와 지현이, 그리고 윤태가 이주민 인권 보장에 찬성하는 팀이 되었고 민수와 동찬이 그리고 승아는 이주민 인권 보장에 반대하는 팀이 되었다.

"그럼 첫 번째 토론의 논쟁거리는 어떻게 정할까요?"

윤태가 손을 들고 질문했다.

"이주민에 대한 우리의 태도가 올바른지에 대해 이야기하기 위해 먼저 우리나라가 단일 민족 국가인지 아닌지를 이야기해 보고 싶어요."

동찬이가 대뜸 의견을 냈다.

"그거 좋은 생각이로군요. 그럼 다음 1차 토론에서는 '우리나라는 단일 민족 국가인가?'라는 주제로 이야기해 보도록 합시다. 모두 열심히 준비해 주세요."

"네, 선생님!"

토론 주제가 정해진 후 선생님과 친구들은 가스 형을 도울 수 있는 방법에 대해 잠시 이야기를 나눴다. 형식이는 기스 형을 함께 생각해 주는 친구들의 마음이 고맙게 느껴졌다. 그리고 이번 토론을 잘 준비해 보겠다고 마음먹었다.

쟁점 1.
우리나라는 단일 민족이야 vs 세상에 단일 민족은 없어

1차 토론을 하는 날이었다. 형식이와 친구들은 준비를 마치고 토론반에 모였다. 선생님은 아이들을 쭉 둘러보고 입을 열었다.

"이번에는 이주민도 대한민국 국민인가에 대해서 토론을 해 보도록 하겠습니다. 1차 토론 논쟁거리는 '우리나라는 단일 민족 국가인가?' 하는 것입니다. 한국인을 한민족이라고 부릅니다. 하지만 우리나라가 하나의 민족으로 이루어진 나라인가에 대해서는 많은 문제 제기가 있는 것도 사실입니다. 여기에 대해 다양한 고민을 나누어 보도록 하겠습니다. 먼저 양 팀에서 첫 번째 주장을 펼쳐 주기 바랍니다."

먼저 단일 민족임을 주장하는 팀의 민수가 자리에서 일어섰다.

"5천 년의 역사 동안 우리 민족은 고유한 문화를 유지하고 발전시켰습니다. 수차례 다른 나라의 침략을 당하기도 했지만, 민족의 고유한 문화는 사라지지 않았고 계속 유지되었습니다. 이렇게 하나의 민족이 오랜 세

월 동안 고유의 문화를 유지해 온 나라를 단일 민족 국가라고 합니다. 물론 현대 사회에서는 다른 나라와 영향을 주고받지 않는다는 것은 불가능합니다. 하지만 고유한 문화적 전통과 민족성을 그대로 유지하고 발전했다는 면에서 우리나라는 단일 민족 국가라고 할 수 있습니다."

민수는 약간 흥분한 얼굴로 첫 번째 주장을 마쳤다. 이윽고 상대 팀의 형식이가 일어나 차분한 목소리로 주장을 펴기 시작했다.

"우리 민족은 북쪽에서 이주한 사람들과 남쪽에서 이주한 사람들이 한반도에 모여서 형성된 민족입니다. 또 나라가 세워질 때 주변의 말갈, 숙신, 선비 같은 민족의 일부가 고조선, 고구려, 부여 등에 흡수되었다고 합니다. 즉 우리나라는 처음부터 여러 민족이 함께 모여서 만들었다는 이야기입니다. 이후에도 수차례의 전쟁과 무역 등 주변 국가와 영향을 주고받았던 우리가 순수한 하나의 민족이라고 할 수 있을까요? 우리나라의 문화도 주변 국가와 문화를 주고받아 형성된 것입니다. 그러므로 단일 민족 국가라는 말은 올바르지 않다고 생각합니다."

형식이가 발언을 끝내자, 선생님이 양 팀의 주장을 정리했다.

"양 팀의 이야기 잘 들었습니다. 민수는 우리나라가 하나의 민족으로 오랫동안 고유의 민족성을 유지하고 발전시키고 있다는 면에서 우리나라를 단일 민족 국가로 봐야 한다고 주장했습니다. 한편 형식이는 한민족은 남쪽과 북쪽 그리고 주변의 소수 민족을 흡수해서 형성된 민족이며, 주변 국가와 문화적으로 영향을 주고받았기 때문에 단일 민족 국가라고 할 수 없다고 주장했습니다. 그럼 반론을 시작해 주기 바랍니다."

선생님의 말이 끝나고 단일 민족 국가임을 주장하는 팀의 승아가 일어나서 반론을 하기 시작했다.

"단일 민족이라는 말은 단순히 외부와 아무런 영향을 주고받지 않은 나라를 말하는 게 아닙니다. 또 순수한 혈통으로 이루어진 민족을 말하는 것도 아니고요. 주변 문화에 영향을 받았더라도 하나의 고유한 문화를 유지하며 오히려 주변 나라의 문화를 흡수하고 우리의 전통으로 만들었다면 고유한 문화를 유지했다고 할 수 있습니다. 또 여러 민족이 모여서 형성되었다고 해도 전체적으로 하나의 민족이 지닌 특징이나 모습을 갖고 있다면 같은 민족으로 볼 수 있습니다."

반대 팀의 형식이가 고개를 갸우뚱하며 물었다.

"말이 너무 어려운데요. 예를 들어서 설명해 주세요."

승아는 형식이의 반응을 예상했다는 듯이 알기 쉬운 예를 덧붙였다.

"예를 들어 서양 사람들은 중국인과 한국인 그리고 일본인을 제대로 구분하지 못하지만 우리는 정확히 구분합니다. 세 나라 사람들의 얼굴 생김새가 조금씩 다르고 문화도 큰 차이가 있기 때문입니다. 그러므로 오랫동안 공통된 문화를 유지하고 비슷하게 생긴 사람들이 같은 지역에서 오랫동안 국가를 만들어 살아왔다면 당연히 단일 민족이라고 불러야 한다고 생각합니다."

승아의 반론이 끝나고 상대 팀의 지현이가 일어나 반론을 펼쳤다.

"우리나라가 단일 민족 국가가 아니라는 것은 여러 가지 역사적 사실을 통해 알 수 있어요. 가야의 김수로왕의 부인은 인도 아유타국 공주였고,

제주도의 신화를 살펴보면 제주도 사람은 단군의 자손이 아니에요. 고려 시대에는 몽골, 일제 강점기에는 일본의 지배를 받으면서 우리나라는 여러 민족의 피가 섞인 다양한 사람이 사는 나라가 되었고요. 요즘에는 다문화 가정도 늘어나고 있습니다. 이런 상황에서 우리나라가 단일 민족 국가라고 주장하는 것은 오늘날 우리나라에서 살고 있는 다른 나라 사람들에 대한 차별의 시작이라고 생각합니다."

지현이의 말에 승아를 비롯한 상대 팀 아이들의 얼굴이 굳어졌다. 선생님이 말문을 열었다.

"우리나라가 단일 민족이다 아니다에 대한 논쟁은 여러 가지 문제들을 담고 있습니다. 지현이의 말대로 세계는 점점 다문화 시대로 가고 있고 우리나라도 예외가 아닙니다. 그렇다면 우리는 어떤 사람을 한국인이라고 말할 수 있을까요?"

선생님의 말을 듣고 형식이는 한참 동안 고민을 했다. 가스 형을 한국인이라고 할 수 있을까? 우리말을 유창하게 하고 태권도를 잘하며, 좋아하는 음식이 청국장인 가스 형은 한국인이 될 수 있을까?

형식이와 친구들은 각 팀별로 선생님의 질문과 마지막 주장을 정리하기 위해 한참 동안 토의를 했다. 시간이 지나고 동찬이가 먼저 일어나서 마지막 주장을 시작했다.

"우리나라가 점점 다문화 사회로 변해 가는 것은 사실입니다. 이럴수록 한국의 전통문화를 지키고 보존해야 한다고 생각합니다. 해마다 귀화_{다른 나라의 국적을 얻어 그 나라의 국민이 되는 일}를 신청하는 외국인이 늘어나고 있다고 합니다. 그런데 원하는 사람 모두를 귀화시키는 것은 아닙니다. 까다로운 시험을 통과해야만 비로소 대한민국 국민이 될 수 있습니다. 왜 이렇게 까다로운 절차를 거치게 되었을까요? 대한민국 국민이 되기 위해서는 한민족의 고유한 문화와 전통을 이어받을 수 있는 자격이 있어야 하기 때문입니다. 그러므로 다문화 사회가 된다 하더라도 한민족으로서 고유한 문화를 유지하는 것, 단일 민족으로의 전통을 유지하는 것은 꼭 필요하다고 생각합니다."

동찬이의 마지막 주장이 끝나고 윤태가 일어났다.

"현재 우리나라의 구성원은 이미 하나의 민족이 아니며 누리는 문화도 고유한 문화가 아닙니다. 그렇다면 한국인은 단순히 국적이 한국인 사람을 말할까요? 저희 팀은 그렇지 않다고 생각합니다. 예를 들어 다른 나라에서 일을 하러 우리나라로 온 이주 노동자의 자녀들 중에는 한국에서 태어나서 한국어를 하고 한국 문화에 익숙한 사람들도 많습니다. 이 아이들의 국적은 한국이 아니지만 한국 문화를 누구보다 잘 알고 있습니다. 저희 팀은 현재 우리나라에 살며 오늘날 한국 문화를 누리는 사람이라면 국적과 상관없이 한국인으로 인정해 주어야 한다고 생각합니다."

윤태의 마지막 주장이 모두 끝났다. 스스로 만족스러운 듯 팀원들을 향해 '브이'를 하는 여유까지 보였다.

"양 팀의 이야기를 잘 들었습니다. 다문화 사회에서 한 번쯤 고민해 봐야 할 주제였어요. 모두 수고했습니다."

선생님은 두 팀의 아이들에게 격려의 박수를 보냈다. 그때 윤태가 손을 번쩍 들었다.

"잠깐만요. 선생님! 저희 2차 토론의 토론거리는 아직 안 정했는데요?"

"그러고 보니 깜박했네. 선생님, 다음 토론은 뭘로 하면 좋을까요?"

승아가 선생님을 쳐다보았다.

> **외국인이 한국 국적을 가지려면?**
>
> 우리나라의 귀화 조건은 다음과 같다. 먼저 5년 이상 한국에서 살아야 하며, 만 19세가 넘는 성인이어야 하고 품행이 단정하며 범죄를 저지른 적이 없고 본인 스스로 생계를 유지할 능력이 있어야 한다. 또 국어 능력과 대한민국의 풍습에 대한 이해 등 대한민국 국민으로서의 기본 소양을 갖추고 있어야 한다. 이외에도 3년 동안 한국에 살았고 부모 중 한 사람이 한국 국적을 가지고 있거나 배우자가 대한민국의 국민일 경우에도 귀화를 허가받을 수 있다. 마지막으로 과학·경제·문화·체육 등 특정 분야에서 매우 우수한 능력이 있어 국익에 도움이 되는 사람은 귀화를 인정받을 수 있다.

"음, 그럼 이건 어떨까요? 우리나라에 사는 이주민들이 빨리 한국 문화에 적응할 수 있도록 도움을 주는 사람들이 많아요. 그런데 어떤 사람들은 이주민들이 한국에 살면서도 자신만의 문화를 잊지 않고 누리는 것이 더 중요하다고 생각하기도 해요. 여러분 생각은 어떤가요? 한국 문화에 잘 적응하는 게 더 중요할까요? 아니면 이주민들의 고유한 문화를 잊지 않는 게 더 중요할까요? 이 주제로 토론을 해 보면 어떨까요?"

선생님의 제안에 아이들은 모두 찬성했다.

쟁점 2.

대한민국 문화를 따라야 해
vs 자신의 고유한 문화도 누려야 해

　2차 토론 날이 되었다. 형식이는 가스 형의 몽골 주소를 알아내서 기분이 좋았다. 오늘 토론에서도 좋은 결과가 있기를 바라며 형식이는 토론반 문을 활짝 열었다.
　"이번 2차 토론의 논쟁거리는 '이주민들이 대한민국 문화에 잘 적응하는 것이 더 중요할까? 아니면 본인들의 고유한 문화를 잊지 않고 누리는 것이 더 중요할까?'입니다. 먼저 첫 번째 주장을 해 주기 바랍니다."
　선생님이 말을 마치자마자 토론이 본격적으로 시작되었다. 먼저 동찬이가 일어났다.
　"로마에서는 로마의 법을 따르라는 말이 있습니다. 어디를 가든 그 나라의 법과 문화를 따르라는 말이죠. 낯선 환경에 빨리 적응하기 위해서는 그 나라의 문화를 익히는 것이 정말 중요합니다. 저희 팀은 이주민들의 문화와 한국 문화가 매우 다르더라도 한국 문화를 따라야 한다고 생각합니다. 만약 이주민들이 자신만의 문화만 고집한다면 그들의 문화를 잘 모르는 사람들과 불필요한 오해와 갈등이 생겨날 수 있습니다. 이주민들이 스스로 원해서 한국에 온 이상, 한국 문화를 존중하고 따라야 합니다."
　동찬이의 첫 번째 주장이 끝나자 상대 팀의 지현이가 일어나서 말했다.

"저희 팀은 이주민들이 자신들의 나라에서 누렸던 문화를 우리나라에서 누릴 수 있도록 해 주어야 한다고 생각합니다. 이주민들이 고유한 문화와 전통에 따라 생활하는 것에 대해서 한국에 왔으니 한국식으로 살라고 강요할 순 없습니다. 오히려 그들이 자신들의 문화를 누릴 수 있도록 지원해 주어야 해요. 한국인의 문화가 소중한 만큼 이주민의 문화도 소중하기 때문이죠. 다른 나라에서 생활하면서 자신들만의 고유한 문화와 전통을 지키며 사는 것은 누구나 누려야 할 권리입니다."

지현이의 주장이 끝나자 선생님이 입을 열었다.

"양 팀의 첫 번째 주장을 정리해 보겠습니다. 동찬이는 이주민들이 한

* 이슬람 국가에서는 종교적인 이유로 돼지고기를 먹는 것을 법으로 금지하고 있다.

국에서 적응을 빨리하고 잘못된 오해나 갈등이 생기지 않도록 하기 위해서 한국 문화를 따르는 것이 우선되어야 한다고 주장했습니다. 반면 지현이는 이주민들이 자신들만의 고유한 문화를 누리는 것이 꼭 필요하고 그것이 중요한 권리라고 주장했습니다. 자, 그럼 이제부터 서로의 주장을 잘 살펴보고 반론을 내놓도록 할까요?"

이주민도 한국 문화를 따라야 한다고 주장하는 팀의 승아가 자신 있게 일어났다.

"이주민들이 한국에 와서 가장 어려움을 겪는 것이 바로 언어 문제라고 해요. 우리말을 자유롭게 사용하지 못하니까 한국 생활이 어려운 거죠. 두 번째는 한국 문화에 대한 이해 부족입니다. 그래서 이주민들이 한국에서 생활하기 위해서는 빨리 한국어를 배워야 하고 한국 문화를 이해해야 합니다. 다문화 가정 아이들이 학교 폭력이나 집단 따돌림의 대상이 되는 것도 사실은 한국어를 제대로 배우지 못하고 한국 문화에 대한 이해가 부족해서 생기는 것이고요. 그에 반해 아이들이 부모 나라의 문화를 누리지 못해서 생기는 어려움은 그리 크지 않습니다. 결국 이주민들이 한국 문화에 빨리 적응할수록 이들이 당하는 차별이나 편견에서도 더 빨리 벗어날 수 있다고 생각합니다."

승아의 반론이 끝나자 윤태가 일어나서 반론을 했다.

"이주민들은 자신들의 나라에서 한국 문화와 다른 문화를 누리며 살아왔습니다. 그런데 한국에서는 이주민들의 문화를 존중해 주지 않았습니다. 이주민들을 차별한 사례를 보면 그들이 종교적 이유나 문화적인 이유로 먹지 않는 음식을 강제로 먹게 하기도 하고, 전통적인 생활 습관을 비웃기도 했습니다. 또 이주민이나 다문화 가정의 자녀들은 학교에서 한국 문화만을 배우기 때문에 부모와 문화적인 차이로 갈등을 겪기도 합니다. 한국인 부모와 외국인 부모 사이에 태어난 아이들이 한국 문화만 배우는 것은 올바르지 않습니다. 그런 의미에서 이주민들의 문화를 존중하고 그것에 대해 편견을 갖지 말아야 합니다."

윤태의 반론이 끝나고 선생님이 이야기를 시작했다.

"양 팀의 반론을 잘 들었습니다. 그렇다면 여러분이 이주민 학생이나 다문화 가정 학생이라면 학교에서는 어떤 지원이 필요할까요? 양 팀은 토의를 한 후 최종 변론 때 답변해 주기 바랍니다."

형식이는 내가 만약 가스 형이었다면 어땠을까 하고 생각해 보았다. 가스 형의 학교생활은 행복했을까? 생각해 보니 한 번도 그런 것에 대해 생각해 보지 않은 듯했다. 형식이는 이번 토론을 통해 좀 더 가스 형의 입장에 대해 고민할 수 있었다. 토의 시간이 끝나고 민수가 자리에서 일어나서 마지막 주장을 했다.

"학교에서 이주민 학생이나 다문화 가정 학생에게 가장 필요한 것은 친구입니다. 또 학교에서 즐겁게 공부하는 것도 필요합니다. 한국 문화를 체험할 수 있는 프로그램이 있다면 한국 문화를 이해하면서 한국말도 쉽게 배울 수 있을 거예요. 친구도 사귈 수 있고 말이죠. 이처럼 이주민 학생과 다문화 가정 학생들이 한국 문화에 잘 적응하면 이들에 대한 차별과 편견도 줄어들 것입니다. 그러므로 저희 팀은 이주민들이 먼저 한국 문화에 적응하는 게 우선되어야 한다고 생각합니다."

민수의 이야기가 끝나고 형식이가 최종 변론을 하기 위해 일어섰다.

"이주민과 다문화 가정 학생들이 한국어를 배우고 한국 문화를 이해하는 것은 분명 필요한 일입니다. 하지만 그게 다는 아닌 것 같아요. 학생들이 학교에서 한국 문화만큼 부모의 나라에 대해 배우고 그 문화를 누릴 수 있다면 어떨까요? 그리고 한국 학생들도 한국 문화뿐만 아니라 다른 나라에서 온 친구의 문화를 배울 수 있다면요? 그렇게 된다면 차별이나 편견이 사라질 뿐만 아니라, 자신들의 문화를 자랑스러워하는 마음도 생길 것입니다. 독일은 학교에서 이주민 학생을 교육시킬 때 자신들의 나라로 돌아갈 것을 대비해서 그 나라의 문화도 가르친다고 해요. 우리나라에서도 이주민 학생과 다문화 가정 학생들이 자신들만의 고유한 문화를 누리고 그 문화를 자랑스럽게 생각할 수 있도록 지원한다면 다양한 문화를 존중하는 마음이 생겨날 것입니다."

형식이가 또박또박 최종 변론을 끝마쳤다. 선생님은 흐뭇한 표정으로 토론을 마무리 지었다.

"문화는 미개한 것과 훌륭한 것으로 나눌 수 없다고 합니다. 어떤 문화든 그 지역의 특징에 맞게 오랜 시간 동안 발전되어 온 것이기 때문입니다. 이번 토론을 통해 다른 나라의 문화를 배우고 우리 문화를 누리는 것의 중요성을 알게 되었기를 바랍니다. 이제 마지막 3차 토론이 남았네요. 마지막 토론거리는 선생님이 제안해 보겠습니다. 현재 우리나라에 사는 이주민은 200만 명이 넘지만, 이주민들은 정치에 참여할 수 없습니다.

우리나라 구성원의 일부분을 차지하는 이주민들이 정치에 참여할 권리를 보장하는 것이 옳을까요? 아니면 옳지 않은 일일까요? 3차 토론에서 함께 이야기해 보도록 하지요."

"네, 선생님!"

이렇게 해서 2차 토론이 모두 끝났다. 형식이는 집에 가서 가스 형에게 첫 번째 편지를 썼다.

쟁점 3.

이주민은 정치에 참여할 수 없어
vs 이주민도 정치에 참여해야 해

마지막 3차 토론 시간이 돌아왔다. 형식이는 3차 토론을 위해 밤새 인터넷 뉴스를 뒤졌다. 형식이는 가스 형에게 쓴 편지에 토론반 아이들과 한 토론 내용도 적어 놓았다. 두 번째 편지에 토론반에서의 자신의 활약상을 적으려면 마지막 3차 토론도 최선을 다해 준비해야 했다.

"이번 토론은 '이주민은 대한민국 국민인가?'에 대한 마지막 3차 토론입니다. 이번 토론거리는 이주민이 정치에 참여할 권리를 보장하는 것이 옳은지 아닌지에 대해서입니다. 국민이라면 기본적으로 선거에 참여하고 선거에 후보로 나올 수 있는 권리가 있습니다. 그렇다면 이주민의 참정권 보장은 어떨까요? 양 팀의 첫 번째 주장을 들어보겠습니다."

3차 토론의 시작과 함께 민수가 일어나서 주장을 폈다.

"대한민국의 국민은 국적이 대한민국인 사람입니다. 국민으로서의 기본적인 의무를 다해야 그만큼의 권리를 행사할 수 있습니다. 선거를 하고 후보로 나올 수 있는 권리는 국민만이 누릴 수 있는 권리입니다. 이주민 중에 귀화를 해서 우리나라 국적을 가진 사람이라면 정치에 참여할 수 있다고 생각합니다. 하지만 대한민국 국적이 없는 이주민은 정치에 참여할 권리가 없다고 생각합니다."

민수의 주장이 끝나자 곧이어 지현이가 일어서서 주장을 폈다.

"우리나라의 이주민들 중에 1년에 90일 이상 한국에 머물러 있는 사람은 백만 명이 넘는다고 합니다. 한국에 살고 있는 이주민들은 당연히 한국의 정치나 제도에 영향을 받게 됩니다. 그런데 이주민들은 한국의 제도나 정치에 대해 불만이 있어도 자신들의 목소리를 낼 수 없습니다. 정치에 참여할 수 없기 때문입니다. 이주민에게 불합리한 법이나 제도가 있어도 그것을 바꾸는 일에 직접 참여할 수도 없습니다. 단지 한국 국적이 없다는 이유로 기본적인 권리를 침해당한다면 올바른 일일까요? 그러므로 저는 이주민이 자신과 관련된 일에 목소리를 높일 수 있도록 정치적인 권리가 보장되어야 한다고 생각합니다."

민수와 지현이의 주장을 선생님이 일목요연하게 정리했다.

"민수는 대한민국 국적이 없는 이주민들은 국민의 의무를 다하지 않으므로 정치에 참여할 권리를 누릴 수 없다고 주장했습니다. 반면 지현이는 우리나라에 백만 명이 넘는 이주민이 살고 있는데 자신과 관련된 법이나 제도를 바꾸는 데 목소리를 내는 것은 당연한 권리라고 주장했고요. 양 팀은 서로의 주장을 잘 살펴서 반론을 준비해 주기 바랍니다."

선생님의 말이 끝나자마자 승아가 일어나서 반론을 시작했다.

"이주민이 정치에 참여할 권리를 보장하지 않는 것은 우리나라만의 이야기가 아닙니다. 대부분의 나라에서 이주민의 참정권을 보장하지 않으니까요. 오히려 우리나라에서는 지난 2006년부터 3년 이상 국내에 거주한 이주민에 한해서 선거권을 보장해 주었습니다. 2012년 국회 의원 선거에서는 우리나라 최초로 필리핀 출신 국회 의원도 뽑혔고요. 이것만 봐

 도 우리나라는 이주민의 정치적인 권리를 어느 정도 보장해 준다고 볼 수 있습니다. 적어도 3년 이상 우리나라에서 거주한 이주민에 한해서 선거권을 보장해 준 것, 그리고 국적이 한국이어야만 국회 의원으로 뽑힐 수 있게 한 것 등은 국민의 소중한 권리인 참정권을 함부로 사용하지 않기 위함이라고 생각합니다."

 승아의 이야기가 끝나자 윤태가 일어나서 반론을 시작했다.

 "정치에 참여할 권리는 사실 단순히 선거를 할 권리만을 이야기하지 않습니다. 우리나라에서 외국인 장학생으로 오는 외국인 학생들은 정당에 가입하거나 시위나 집회에 참여하는 것, 자신의 의지대로 신문 기사를 쓰거나 선언에 참여하지 않겠다는 서약서를 써야 합니다. 또한 우리나라의 출입국 관리법에는 외국인이 우리나라에서 자신의 정치적인 의사를 표현하는 것을 금지하고 있고요. 이는 1985년 외국인의 권리에 대한 유엔 총회 선언과도 맞지 않습니다. 우리나라에서 생활하는 이주민이라면 국적이 어디냐에 상관없이 우리나라 정치에 대해 목소리를 높이고 자신의 생각을 표현할 수 있어야 합니다. 이는 국민으로서의 권리가 아니라 인간이면 누구나 누려야 할 권리이기 때문입니다."

> **우리나라 최초의 이주민 국회 의원**
>
> 2012년, 영화 〈완득이〉에 출연했던 필리핀 출신 결혼 이주 여성 이자스민 씨가 새누리당 비례 대표로 당선됐다. 이자스민 씨는 필리핀에서 항해사인 한국인 남편을 만나 1995년 대학을 중퇴하고 결혼한 뒤 1998년 한국인으로 귀화했다.

윤태가 반론을 마치고 자리에 앉았다. 선생님은 양 팀 아이들을 둘러보며 말했다.

"양 팀의 반론을 잘 들어 보니 양 팀의 생각의 차이는 현재 우리나라에서 이주민의 정치적 권리를 보장하는 수준이 적당한지 아니면 부족한지에 대한 생각 차이인 것으로 보입니다. 그럼 여러분에게 질문을 하겠습니다. 만약 여러분이 다른 나라에서 몇 년간 살아야 한다면 여러분은 어떤 정치적인 권리를 보장받아야 할까요? 팀별로 함께 토의해 보고 최종 변론 때 함께 대답해 주기 바랍니다."

선생님의 질문이 끝나고 양 팀은 토의를 시작했다. 형식이는 내가 다른 나라에 간다면 어떤 권리를 누릴 수 있어야 할지 골똘히 생각해 보았다. 30분 정도의 시간이 흘러 토의가 모두 끝나고 이제 최종 변론 시간이 되었다. 먼저 민수가 일어나서 주장을 시작했다.

"만약 우리가 외국에서 어려움에 처했다면 어떻게 해야 할까요? 가장 먼저 우리나라 대사관을 찾게 될 거예요. 우리나라 대사관이 해외에서 우리나라 국민이 어려움을 겪지 않도록 적극적으로 도와주는 역할을 한다면, 굳이 정치를 참여할 권리 등을 보장받지 않아도 될 것입니다. 미국과 스웨덴 같은 선진국의 경우 자국민 보호에 대한 명확한 법률이 있어서 자국민이 다른 나라에서 필요한 권리를 누리고 있습니다. 하지만 우리나라는 아직 이에 대한 구체적인 법률이 없다고 해요. 굳이 다른 나라의 정치에 참여할 권리를 갖는 것보다는 우리나라 정부가 여러 가지 제도를 만들어서 해외에 있는 국민을 보호하는 게 먼저 아닐까요? 그런 의미에서 우리 정부가 다른 나라에 사는 자국민에 대한 충분한 보호만 가능하다면 굳이 다른 나라 정치에 참여하는 권리는 보장되지 않아도 된다고 생각합니다."

민수의 주장이 날카로웠다. 이번엔 형식이가 최종 변론을 할 차례였다.

"단지 국회 의원이 되고 선거를 하는 것만이 정치가 아닙니다. 자신의 주장을 말하고 모임을 만드는 것도 모두 정치에 포함됩니다. 우리가 다른 나라에 가서 오랫동안 생활해야 한다고 생각해 봅시다. 그 나라가 한국인에 대한 편견이 심하고 외국인에 대한 차별적인 법이 있다면 우리는 그 나라에서 행복하게 살 수 없을 것입니다. 그런데 이러한 차별과 편견, 잘못된 법을 어떻게 고칠 수 있을까요? 집회나 시위를 하거나, 언론에 알려야 합니다. 아니면 대표를 내세워서 우리에게 필요한 법과 제도를 만들 수 있도록 힘써야 할 것입니다. 왜냐하면 아무런 목소리를 내지 않는 사람들에게 관심을 가질 사람은 없기 때문입니다."

형식이의 진지한 발표에 토론반의 분위기가 숙연해졌다. 형식이는 가스형을 떠올리며 발언을 계속했다.

"그런데 이 모든 것이 바로 정치입니다. 정치에 참여할 수 없다면 우리는 다른 나라에서 고통받으면서도 꾹 참고 살아야 합니다. 그러므로 우리나라에서 살든 다른 나라에서 살든 정치는 정말 중요합니다. 즉 우리가 원하는 것을 주장하고 우리에게 필요한 제도를 만들거나 바꾸기 위해선 당연히 정치에 참여할 권리가 있어야 합니다. 그래서 저희 팀은 우리가 다른 나라에 가서 산다면 적어도 그 기간만큼은 정치에 참여할 권리를 그 나라 사람들과 동등하게 누려야 한다고 생각합니다."

형식이가 마지막 정리 발언을 마쳤다. 선생님이 교탁을 가볍게 손으로 치며 말했다.

"마지막 주장까지 잘 들었습니다. 우리는 지금 국경이나 지역을 뛰어넘어 다양한 사람들이 어울려 살아가는 다문화, 세계화 시대에 살고 있습니다. 그에 따라 종교, 문화, 인종 등의 차이에 따른 차별과 갈등도 발생하고 있습니다. 오늘 여러분의 토론이 세계화 시대에 모든 사람들이 평화롭게 살아가기 위해서는 어떤 것이 필요할지에 대해 함께 고민하는 시간

이 되었기를 바랍니다. 모두 수고했습니다."

　선생님의 말에 모두가 고개를 끄덕였다. 형식이는 이번 토론에서 나온 이야기들을 잘 정리해서 기스 형에게 편지를 보내야겠다고 생각했다. 집에 오니 가스 형의 답장이 벌써 와 있었다. 형식이는 편지를 단숨에 읽어 내려갔다. 편지를 읽는 형식이의 마음은 어느새 가스 형이 살고 있는 몽골로 날아가고 있었다.

함께 정리해 보기
이주민은 대한민국 국민일까?

'이주민 인권 보장' 찬성 팀	논쟁이 되는 문제	'이주민 인권 보장' 반대 팀
우리나라는 여러 민족이 모여서 형성된 국가이며, 여러 나라와 문화를 주고받았기 때문에 단일 민족 국가라 보기 힘들다.	우리나라는 단일 민족 국가일까?	우리나라는 5천 년 동안 민족의 고유한 문화를 유지하면서 발전해 온 민족이므로 단일 민족 국가이다.
우리나라의 문화가 소중한 만큼 이주민의 문화도 소중하므로, 이주민이 고유의 문화를 누릴 수 있도록 해야 한다.	이주민에게 더 필요한 것은 우리 문화에 적응하는 것일까, 고유의 문화를 누리도록 하는 것일까?	이주민들에게 가장 필요한 것은 우리 문화에 빨리 적응하는 것이다.
이주민은 우리나라의 정치와 제도에 영향을 받기 때문에 자신들의 목소리를 내기 위해서도 정치 참여의 권리가 보장되어야 한다.	이주민에게도 정치 참여권을 줘야 하는 것일까?	이주민은 우리나라 국적이 없고, 국민으로서의 의무를 다하는 것도 아니므로 정치에 참여할 권리까지 보장할 필요는 없다.

7장

장애인과 더불어 사는 사회가 되려면?

마지막 7장에서는 특별 토론 형식으로 장애인 인권에 대해 다룹니다. 장애인은 이주민과 더불어 인권 사각지대에 놓인 사람들이라 볼 수 있습니다. 일반인과 정신적, 신체적인 능력이 차이가 난다는 이유만으로 인권을 침해당하는 경우가 종종 있기 때문입니다. 이번 장은 찬성과 반대 입장이 나뉘지 않는 주제 발표로 이루어져 있습니다. 장애인과 관련된 인권 문제에 대해 깊이 생각해 볼 수 있는 계기가 되길 바랍니다.

장애인과 더불어 사는 사회가 되려면?

인권에 대한 마지막 토론이 끝나고 벌써 일주일이 흘렀다. 그동안 토론했던 내용을 정리하기 위해 토론반을 찾은 아이들은 깜짝 놀랐다. 토론반 선생님 외에 다른 손님도 와 있었기 때문이다. 게다가 손님은 휠체어를 타고 있었다.

"소개할게. 우리 학교에 새로 부임하신 오윤택 선생님이야."

"안녕하세요!"

토론반 아이들이 꾸벅 인사를 했다.

"그래, 반갑다. 너희 휠체어 탄 선생님은 처음 보지?"

"네……."

민수가 눈치를 보며 대답했다.

"하하하, 낯설 수도 있겠다. 앞으로 학교에서 공부하다 보면 낯선 게 아니라 당연한 일이 될 테니까 걱정 마."

오윤택 선생님이 껄껄 웃으며 말했다.

"오윤택 선생님께서 이번에 색다른 토론 방식을 제안하셨어. 너희 토론 수업 다 끝난 줄 알고 긴장 놓고 있었지?"

토론반 선생님의 물음에 아이들은 고개를 갸웃거렸다.

"이번엔 선생님의 질문을 먼저 받고, 그 질문에 대한 조사를 한 뒤에 답변을 하는 방식이야. 그 질문은 오윤택 선생님이 하실 거란다."

아이들은 호기심 가득한 눈으로 오윤택 선생님을 바라보았다.

"내 질문은 장애 인권과 관련된 세 가지 질문이란다. 첫 번째 질문은 '장애인은 보호하고 도와주어야 하는 사람일까?'야. 보호하고 도와줘야 한다는 시선이 오히려 장애인을 차별하는 것일 수도 있거든. 너희 스스로 조사하고 생각한 내용을 정리해서 발표해 주길 바란다."

오윤택 선생님의 말에 아이들이 눈을 반짝였다.

"두 번째 질문은 통합 교육에 관한 거야. 통합 교육이란 장애인 학생과 비장애인 학생이 함께 공부하는 것을 말하지. 대다수의 장애인 인권 단체들은 장애인과 비장애인이 따로 공부하는 것보다 통합 교육이 더 좋다고 생각해. 그 이유를 조사해 보고, 너희 생각은 어떤지 듣고 싶구나."

"재미있는 주제가 될 것 같아요!"

선생님이 꿈인 승아가 손을 번쩍 들고 말했다.

"다행이구나. 그리고 마지막 질문은 '무장애 환경'에 대한 거야. 무장애 환경은 말 그대로 장애물이 없는 환경을 뜻하는데, 장애인 편의 시설과 무장애 환경은 어떻게 다른지 조사해 보도록. 무장애 환경에 대한 생각도 함께 발표해 주고. 이상!"

오윤택 선생님의 말이 끝나자, 토론반 선생님이 이어서 말했다.

"자, 세 가지 질문 중 각자가 원하는 질문을 선택해서 조사하고 다음 시간에 발표하도록 하자. 알겠지?"

"네! 선생님!"

아이들이 큰 소리로 대답했다. 첫 번째 질문은 지현이와 동찬이가 그리고 두 번째 질문은 승아와 민수가, 마지막 세 번째 질문은 윤태와 형식이가 각각 준비해 오기로 했다. 아이들은 벌써부터 오윤택 선생님과의 토론이 기대되는 눈치였다.

쟁점 1.
장애인은 도와주고 보호해야 할 사람일까?

일주일이 흐르고 아이들은 토론반에 모였다. 첫 번째 질문을 발표하기로 한 지현이와 동찬이가 살짝 긴장한 얼굴로 나섰다. 먼저 지현이가 입을 열었다.

"지난 2014년 7월, 미국 뉴욕시에서는 장애인 마크를 46년 만에 새로 바꾸었다고 합니다. 뉴욕시에서 전부터 사용한 장애인 마크는 국제 표준 장애인 마크였습니다."

지현이는 국제 표준 장애인 마크와 새로 바뀐 마크를 함께 보여 주었다.

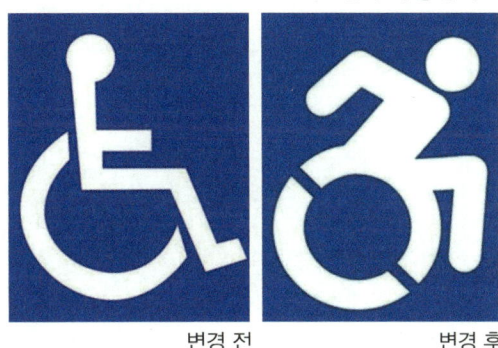

뉴욕 시 장애 마크

변경 전   변경 후

"어떻게 달라 보이나요?"

지현이가 아이들을 죽 둘러보며 말했다. 아이들은 고개를 갸우뚱했다.

"아, 알겠다!"

그때 민수가 소리쳤다. 지현이는 고개를 끄덕였다.

"표준 장애인 마크에서 휠체어를 탄 사람은 뒤에서 누군가가 밀어 주지 않으면 스스로 움직일 수 없을 것처럼 경직된 모습이에요. 하지만 새로 바뀐 장애인 마크에서는 스스로 휠체어를 밀고 있어요. 이렇게 마크가 바뀐 이유는 무엇일까요? 사실 대부분의 장애인은 스스로의 힘으로 휠체어를 이용해요. 그런데 지금껏 많은 사람은 장애인이 누군가의 도움을 받지 않으면 아무것도 할 수 없을 거라 생각했어요. 이런 생각들이 바로 장애인은 불쌍하고 도움이 필요한 사람이라는 편견을 심어 준 거죠."

지현이가 말을 마치자 이번엔 동찬이가 일어나서 입을 열었다.

"장애인은 누가 도와주지 않으면 아무것도 할 수 없다는 편견은 장애인이 스스로 살아갈 기회마저 박탈하고 있습니다. 그래서 우리나라 장애인의 취업률은 2020년을 기준으로 34.9퍼센트밖에 안 된다고 해요. 장애

인에 대한 편견을 버리고 비장애인처럼 스스로 생활할 기회를 열어 준다면 장애인도 당당한 사회 구성원이 될 수 있을 거예요."

동찬이가 이렇게 말하고 다음 차례인 지현이를 바라보았다.

"저희는 이번 조사를 하면서 장애인을 도와주고 보호해야 한다는 생각이 오히려 차별을 불러일으킬 수 있다는 것을 알게 되었습니다. 장애는 불쌍한 것이 아니라 다른 것이라고 생각하고 비장애인과 장애인이 동등한 기회를 가질 수 있도록 노력해야 할 것입니다."

발표를 마친 지현이가 자리에 앉았다. 오윤택 선생님은 미소를 지으며 말했다.

"두 사람의 발표 잘 들었어요. 여러분 말처럼 장애인이니까 무조건 도와주어야 한다는 생각보다는 비장애인이 장애인과 더불어 살아가는 사람들이란 걸 알게 된다면 장애인이 비장애인만큼 인정받는 사회가 될 수 있을 거예요. 하지만 길을 가다가 혹은 대중교통을 이용할 때 도움을 필요로 하는 장애인이 있다면 주저 말고 도와주길 바라요."

"네!"

아이들이 입을 모아 외쳤다.

쟁점 2.
장애인과 비장애인의 통합 교육은 왜 필요할까?

이번엔 두 번째 발표를 위해 승아와 민수가 일어났다. 먼저 민수가 입을 열었다.

"통합 교육은 장애 학생과 비장애 학생이 같은 교실에서 공부하는 걸 말합니다. 분리 교육은 장애 학생만 따로 수업을 듣거나 아예 다른 학교에 다니는 것이고요. 저는 처음에 오윤택 선생님의 질문을 듣고 장애 학생과 비장애 학생이 한 반에서 수업을 듣는 건 별로 좋지 않을 거라 생각했어요. 왜냐하면 비장애 학생이 장애 학생을 왕따시키거나 차별할 수도 있고, 대부분의 학교가 장애인을 위한 편의 시설을 제대로 갖추고 있지 않으니까요. 그런데 조사를 하면서 몰랐던 점들을 많이 알게 되었어요."

민수는 숨을 한 번 고르고 말을 이어 나갔다.

"통합 교육의 장점은 장애 학생들이 비장애 학생들과 더불어 학교생활을 하는 법을 배울 수 있다는 거예요. 우리가 앞으로 살아갈 사회는 장애인과 비장애인이 함께 살아가는 사회이므로, 이런 경험은 반드시 필요합니다. 아직 학교에 장애인 편의 시설이 부족한 게 사실이지만, 통합 교육을 점차 확대해 나간다면 시설도 점점 개선되지 않을까요?"

민수의 말이 끝나고 이어서 승아가 일어났다.

"통합 교육은 단지 장애 학생과 비장애 학생이 한 공간에서 공부하는 것만이 아니라고 해요. 통합 교육은 비장애 학생과 장애 학생이 함께 공부할 수 있는 환경을 만들기 위해 지원하는 것까지 포함합니다. 최근 통합 교육을 하는 교실에 도우미 선생님들이 계신 이유도 여기에 있습니다. 도우미 선생님이 수업 시간에 일대일로 장애 학생의 공부를 도와주어서 장애 학생과 비장애 학생 모두가 제대로 된 교육을 받을 수 있도록 지원하는 것이지요."

아이들은 모두 승아의 말에 귀를 기울였다. 오윤택 선생님도 팔짱을 낀 채 승아의 말을 주의 깊게 듣고 있었다. 승아는 발표를 계속했다.

"영국에서는 16세까지 비장애인과 장애인이 모두 통합 교육을 받도록 하고 있습니다. 장애인 스스로 원한다면 장애인들만을 대상으로 한 특수 학교에 갈 수도 있고요. 16세 이후에도 더 교육을 받고 싶다면 장애인 스스로 독립해서 살 수 있는 힘을 기르기 위한 특별 교육을 받을 수도 있어요. 하지만 우리나라는 아직 걸음마 단계예요. 여전히 중증 장애가 있는 학생들이 통합 교육을 하는 학교는 물론, 특수 학교에 들어가지 못하는 경우도 많거든요. 이러한 현실에 대해 유엔 장애인 권리 위원회에서는 우리나라의 학교와 기타 학습 기관에 통합 교육을 늘리고, 장애인들에게 좀 더 많은 편의를 제공할 것을 권했습니다."

승아의 발표가 끝나자 오윤택 선생님이 입을 열었다.

"두 사람의 발표대로 통합 교육은 장애 학생과 비장애 학생에게 서로 도움을 주는 일입니다. 장애 학생과 비장애 학생이 동등하게 공부할 수 있는 학교가 많아지면 많은 장애인이 자신의 꿈을 키울 수 있고, 더 나아가 우리 사회에 필요한 일꾼이 될 거예요."

오윤택 선생님의 말에 아이들은 약속이나 한 듯 고개를 끄덕였다.

쟁점 3.
무장애 환경이 필요한 이유는 무엇일까?

마지막 세 번째 발표를 위해 윤태와 형식이가 나왔다. 먼저 윤태가 상기된 표정으로 발표를 시작했다.

"장애인 편의 시설 하면 어떤 게 먼저 떠오르나요? 엘리베이터나 점자 블록 같은 것들이 떠오를 거예요. 이런 시설들은 처음엔 아예 없다가 장애인들의 목소리가 높아지면서 만들어진 것이에요. 장애인 편의 시설은 장애인만을 위한 시설이지만, 무장애 환경은 조금 다릅니다. 무장애 환경은 장애인뿐 아니라 보행이 불편한 어린이나 노인들도 모두 이용할 수 있거든요. 우리나라에서는 '장애 없는 생활 환경Barrier Free'을 위한 BF 인증 제도를 2007년부터 시행하고 있는데, 이 인증을 받은 곳은 2020년을 기준으로 전국에 5,700여 곳 정도 된다고 해요."

윤태는 아이들을 둘러보며 이야기를 계속했다.

"지난 2001년, 오이도역에서 장애인 엘리베이터가 추락하면서 장애인이 목숨을 잃는 사건이 있었습니다. 그때 수많은 장애인이 서울역 선로로 내려가서 시위를 했다고 해요. 안전한 시설을 요구한 덕에 지금 대부분의 지하철에는 엘리베이터 시설이 잘 갖추어져 있습니다. 그리고 엘리베이터는 장애인뿐 아니라 거동이 불편하신 노인들도 쉽게 이용할 수 있습니다. 만약 처음부터 누구나 불편 없이 이용할 수 있는 시설을 만든다면 어떨까요?"

형식이가 윤태의 질문을 받아 설명을 이어 갔다.

"인터넷을 검색해 보니 영국이나, 호주, 독일의 놀이터에는 휠체어에서 내리지 않고 바로 탈 수 있는 그네가 있었습니다. 이 뿐만 아니라 턱이 없는 도로와 휠체어가 끼지 않도록 장애물이 없는 공원, 당기는 문이 아닌 버튼만 누르면 열리는 문 같은 것도 대표적인 무장애 환경입니다. 독일에는 '피플 무버'라고 불리는 특별한 엘리베이터가 있다고 해요. 이 엘리베이터는 수직으로 이동한 뒤에 다시 옆으로 이동할 수 있는데 독일에서는 육교를 대신해 사용한다고 합니다. 이 피플 무버를 이용하면 특별히 장애

인을 위해 긴 경사로를 만들지 않아도 누구나 엘리베이터로 간편하게 이동할 수 있는 거죠. 게다가 육교를 만드는 것보다 더 저렴하다고 해요. 이렇게 장애인을 위한 시설을 만든다는 생각에서 더 나아가 무장애 환경을 추구하면 누구나 자유롭게 이동할 수 있을 거예요."

윤태와 형식의 발표가 모두 끝났다. 오윤택 선생님이 가볍게 손뼉을 치며 말했다.

"여러분이 조사한 것처럼 무장애 환경이 되면 장애인뿐만 아니라 다른 모든 사람이 자유롭게 이동할 수 있는 시설들이 만들어질 거예요. 세 가지 질문에 진지하게 답변해 준 여러분 모두 수고 많았어요."

"선생님 덕분에 저희도 몰랐던 사실들을 많이 알게 되었어요."

형식이가 일어나서 머리를 긁적이며 말했다. 오윤택 선생님은 흐뭇한 미소를 지었다.

"선생님도 너희의 진지한 토론을 보며 한 수 배웠는걸!"

"그럼 이번 토론도 대성공이네요! 그렇죠?"

민수가 이렇게 말하자, 아이들 모두 와! 하고 소리를 지르며 손뼉을 쳤다. 인권을 주제로 한 마지막 토론은 이렇게 끝이 났다.